Wilhelm Schmid

SOSIEGO

El arte de envejecer

Traducción del alemán al castellano
de Francisco García Lorenzana

Título original: *GELASSENHEIT. Was wir gewinnen, wenn wir älter werden*
by Wilhelm Schmid

© Insel Verlag Berlin 2014
All rights reserved by and controlled through Suhrkamp Verlag Berlin

© de la edición en castellano:
2015 by Editorial Kairós, S. A.
www.editorialkairos.com

© de la traducción del alemán: Francisco García Lorenzana

Primera edición: Marzo 2015
Tercera edición: Octubre 2022

ISBN: 978-84-9988-439-4
Depósito legal: B 4.002-2015

Fotocomposición: Moelmo, S. C. P.
Diseño cubierta: Katrien van Steen
Impresión y encuadernación: Ulzama digital

SUMARIO

Prólogo   7

1. Pensamientos para cada época de la vida   17
2. Comprensión de las peculiaridades de la edad
   y del envejecimiento   25
3. Costumbres que facilitan la vida   35
4. Disfrutar de los placeres y de la felicidad   41
5. Convivir con el dolor y la infelicidad   49
6. Tocar para sentir la cercanía   57
7. Amor y amistad para sentirse inmerso
   en una red   63
8. Conocimiento para adquirir alegría y serenidad . . 71
9. Una relación con la muerte para poder vivir
   con ella   79
10. Pensamientos sobre la posibilidad de una vida
    después de la muerte   89

Sobre el autor   97
Libros del autor   99

PRÓLOGO

Al principio se trataba únicamente de un fenómeno que me sorprendía; de una observación recurrente que ocupaba mis pensamientos. Cuando estaba a punto de celebrar mi 50 cumpleaños, pronuncié por primera vez una conferencia sobre lo que me preocupaba: el envejecimiento. Algunas personas ancianas me abordaron después de la charla: «Una conferencia muy bonita, joven, pero usted no sabe nada de todo lo que ha explicado». En realidad mis reflexiones no surgían de mi envejecimiento personal, sino del de mi madre. La admiraba por la serenidad con la que lo vivía, a diferencia de cómo lo experimentaban otras muchas personas, y la contemplaba de reojo para aprender todo lo posible para el caso de que lo fuera a necesitar. ¿En qué se basaba esa serenidad? ¿Cómo la podría conseguir en un futuro lejano?

En aquella conferencia hice una broma sobre el hecho de que estuviéramos hablando del «envejecimiento»: ¿anciano no es el aumentativo de viejo? ¿Las personas prefieren ser ancianas en lugar de viejas?* Cuando cumpla los 60, anuncié públicamente, no me consideraré «anciano», sino que me bastará con ser «viejo». De todos modos, la cuestión del envejecimiento se convertirá muy pronto en un recuerdo histórico, porque investigadores de todo el mundo trabajan con gran ahínco en conseguir su desaparición de un momento a otro: yo soy uno de los últimos a los que se permitirá vivir el proceso de envejecimiento. Estoy preparado para aceptarlo con alegría, tal como venga, para utilizar todas mis fuerzas en vivirlo con la mayor serenidad posible: aceptarlo con sencillez, no oponerme a él, no adornarlo ni difamarlo, sino aceptarlo en todo su amplio abanico, que va del alivio a los impedimentos, de la belleza a lo horrendo, y no contemplarlo a través de un cristal color de rosa, ni de unas gafas oscuras, sino a través de una visión clara porque la contemplación sobria de las cosas es uno de los grandes privilegios del envejecimiento.

Mientras tanto he llegado a los 60, así que soy viejo. La verdad es que no me resulta fácil. No estoy en calma. El día de mi 60 cumpleaños me asaltó una gran tristeza al tener que despedirme de la cincuentena, que fue muy hermosa y que nunca más volvería a vivir. Diez años antes ya me conmovió la despedida de la cuarentena, porque no confiaba en los años que tenía por delante. Está claro que sólo se trata de cifras, pero representan

*   Juego de palabras entre *älterwerden*, literalmente «volverse viejo» (envejecer), *älter*, literalmente «más viejo» (anciano) y *alt*, «viejo», que se pierde en la traducción. *(N. del T.)*

realidades que nos envuelven con sigilo y de repente asaltan nuestro pensamiento: el tiempo pasado se estira, el que queda por delante se comprime y la muerte se acerca. Cualquier preparación intelectual para ese momento no puede evitar la experiencia de lo que se siente cuando se vive por primera vez ese instante. Los consejos que intentan eliminar el envejecimiento tienen una eficacia muy reducida: ¿uno tiene la edad que siente? Desde luego, pero en la mayoría de los casos uno es más viejo.* El sentimiento no puede cambiar el hecho, sino todo lo contrario: solo sirve para engañarse sobre la realidad. No todos los autoengaños son malos, pero en este caso lo único que se consigue es que la decepción sea cada vez mayor, porque, a pesar de todo, estos proverbios no pueden cambiar la verdad.

> Los consejos que intentan eliminar el envejecimiento tienen una eficacia muy reducida: ¿uno tiene la edad que siente? Desde luego, pero en la mayoría de los casos uno es más viejo.

Hace mucho tiempo que me imagino la vejez como una vida tranquila en una terraza soleada en la que pueda contemplar el horizonte, en paz conmigo mismo y con el mundo. Hasta el momento lo que me falta es la terraza y también el descanso. Solo tengo claro que no

* En todo el libro se destacan algunas frases que condensan el contenido para que se puedan leer con rapidez y de un solo vistazo algunas afirmaciones importantes. Durante el trabajo en el manuscrito, el autor difundió algunas de ellas a través de Twitter en su formato de 140 caracteres: @lebenskunstphil.

quiero ser uno de esos ancianos que quiere seguir siendo joven y por ello no deja de ponerse en ridículo. No quiero ser un viejo gruñón, que fustiga a todo el mundo con la rabia por la vida pasada y no es capaz de disfrutar de lo que está viviendo. Tampoco me quiero montar en un caballo de batalla, con la mirada altiva de los que están seguros de tener siempre la razón, para utilizar las últimas fuerzas en participar en la lucha de los mayores contra los jóvenes, que siempre lo hacen todo mal. Estoy convencido de que los jóvenes siempre tienen razón, y cuando no es así, tienen todo el derecho del mundo a vivir sus propias experiencias. Si al final resultan experiencias negativas, aprenderán de ellas.

Una persona solo puede vivir con serenidad cuando acepta la verdad, porque en caso contrario necesita todas sus fuerzas para sostener las mentiras de lo que no es verdad, pero que aun así es real. Un aspecto de la realidad del envejecimiento es que esta situación se compara con el pasado más que ninguna otra. Esto ha sido siempre así, pero en la época moderna ha surgido un gran malestar porque como todo se puede realizar a través de la técnica, ¿por qué no se consigue la eterna juventud? A mí también me gustaría, pero ¿qué tipo de vida sería? A mí también me gustaría una vida totalmente positiva y cómoda, pero ¿precisamente por eso, no se convierte lo negativo e incómodo en el gran problema? En lugar de emplear todas las fuerzas en destruir el envejecimiento, prefiero rescatar conscientemente la vida que se encuentra enterrada en las arrugas.

Aprender a vivir con la edad que te corresponde se ha convertido en un nuevo deber, se debe transformar en un arte lo que antes se daba por supuesto: *Art of Aging* en lugar de *Anti-Aging*: el arte de envejecer, para vivir con este proceso, en lugar de vivirlo a la contra. Un arte de vivir para asumir el envejecimiento puede ayudar a superar los obstáculos que presenta esta fase de la vida y reconocer que la vida sigue siendo bella y que vale la pena; y cuando no se trata de la propia vida en esta fase, al menos de la vida como un todo.

El arte de vivir es desde hace mucho tiempo mi tema, no porque lo domine, sino porque lo necesito. El concepto de arte de vivir procede de la filosofía antigua, del griego *techne tou biou, techne peri bion* y del latín *ars vitae, ars vivendi*, el «arte de vivir» en el sentido de una vida vivida con consciencia. En el habla popular se entiende por arte de vivir el de un hedonismo despreocupado. Esa es una opción a disposición de cualquiera que la quiera adoptar, pero no se trata de una alternativa que se merezca el nombre de arte. Otra opción, mucho más correcta, es darle a la vida una nueva orientación tomando consciencia de ella. Dicha consciencia no es posible de manera continuada, pero tampoco esto es necesario, porque resulta suficiente dedicar un tiempo de vez en cuando a la reflexión y el análisis, en este caso alrededor del envejecimiento: ¿qué significa?, ¿cómo transcurre?, ¿dónde me encuentro en este momento?, ¿qué me espera?, ¿cómo me puedo preparar para eso que me espera?, ¿qué está en mi mano hacer y qué no? Esta es la forma de aplicar el arte de vivir con consciencia a esta etapa de la vida, para encontrarle un sentido, y también para dar sentido a la vida y llevar una vida consciente.

El problema del envejecimiento hoy en día es que se considera que no tiene sentido e incluso se trata como una enfermedad, que se debe diagnosticar en una fase temprana y se debe combatir hasta que, en algún momento, se la pueda eliminar con una operación. La consideración del envejecimiento como algo que no tiene sentido y que incluso se tiene que evitar por todos los medios podría ser una consecuencia del *yoísmo* desmesurado que impera en la actualidad y que pretende extender un yo eternamente joven («Yo siempre estaré aquí y seré eterno»). Esta ansia resulta muy evidente en la oración de súplica y grito de batalla de «Forever Young» (canción del grupo de Münster Alphaville, de 1984, que ha tenido incontables versiones). Se trata, no obstante, de una negativa interpretación del envejecimiento que ha predominado en los últimos tiempos y que hasta ahora ha impedido dotar a esta etapa de la vida de nuevos significados que la enriquezcan. Una interpretación que se puede convertir en la guía de una modernidad alternativa y diferente es que el envejecimiento sí tiene sentido. Veamos cuál.

El envejecimiento es un proceso natural que afecta a todos los seres vivos que forman parte de la naturaleza, y las personas deberían ir aceptando progresivamente esta realidad. También la naturaleza conoce el principio de «siempre joven», pero actúa de una manera completamente diferente a como lo hacemos hoy en día las personas: permanece eternamente joven porque permite que pase la vida y porque produce continuamente vida nueva. Podría finalizar cada una de las vidas con un corte rápido, con un «¡Corten!», la muerte deseada por muchos, pero que solo cumplen unos pocos, porque la naturaleza ha prescrito el proceso lento del envejecimiento: así queda tiempo para ayudar a la vida que va creciendo, transmitir conocimientos y adquirir nuevas experiencias. Vivir siguiendo este sentido significa que, utilizando una imagen floral, seguimos floreciendo para nosotros mismos y para los demás, como ocurre en una planta más o menos perenne y que se conforma con el proceso de marchitarse. Seguimos disfrutando de la vida, mientras vale la pena, tanto de la propia como de toda la vida que nos rodea, y también del camino de salida. Descubrimos la madurez completa de la vida y aceptamos su frontera temporal. ¿Estoy en condiciones de esto?

Desde un punto de vista cultural, el proceso de envejecer permite descubrir recursos que pueden hacer que la vida sea más fácil y más rica en este preciso momento. Uno de estos recursos es la *serenidad*. Aunque en la actualidad lo que nos falta es precisamente serenidad. El día a día resulta tan estresante y las personas experimentan tanta presión que en ellas va creciendo el ansia de alcanzar un estado de calma. La serenidad ha sido un concepto muy importante en la filosofía occidental desde la *ataraxia* de Epicuro («ausencia de turbación») en los siglos IV-III a.C., y en la teología cristiana, desde la *calma* del Maestro Eckhart en los siglos XIII-XIV. Pero con la modernidad cayó en el olvido. Cayó víctima del incesante activismo y del optimismo científico-técnico, de manera que su ejercicio ya no pareció una virtud. La calma simulada que ocupó su lugar mantuvo vivo el recuerdo de la profundidad y la calidez humanas. Ahora, desde hace tiempo, se considera que la etapa de la vida más indicada para la serenidad es la vejez. Pero también este periodo se ha convertido en un tiempo caótico en el que no es posible alcanzar la serenidad sin esfuerzo. ¿Cómo la podemos recuperar? ¿La sociedad cada vez más envejecida se puede convertir en una sociedad cada vez más serena?

Yo no estoy en posesión de la serenidad, pero esta me parece imprescindible para llevar una vida plena. Se trata de un factor positivo en cualquier etapa de la vida, pero sobre todo durante la vejez, cuando la vida amenaza con empobrecerse y hacerse más difícil. Es posible que solo se pueda conseguir la serenidad en el transcurso del envejecimiento: parece más fácil alcanzar la calma cuando no está en juego toda la vida, cuando las hormonas están algo más tranquilas, cuando el tesoro de experiencias es mayor, cuando la mirada es más amplia y cuando la evaluación de personas y cosas es mucho más ecuánime.

Este libro es un intento de difundir los *10 pasos para alcanzar la serenidad* que se pueden derivar de observaciones, experiencias y reflexiones. Se trata de una serenidad serena, y no de una serenidad *jactanciosa* ni provocativa («Mirad lo sereno que estoy»). Y no se trata simplemente de proclamar la serenidad, sino de encontrar un camino práctico y vital para alcanzarla en compañía de los lectores y las lectoras. El primer paso de esta senda es la disposición a reflexionar sobre las etapas de la vida, reconocer que dicha reflexión no es siempre la misma en cada una de las etapas, y comprender las características propias de la época de la vejez y del envejecimiento, para que sea más fácil que nos dejemos atrapar por la serenidad.

1. PENSAMIENTOS
PARA CADA ÉPOCA DE LA VIDA

¿En qué consiste realmente vivir? Es algo que se puede sentir con intensidad, pero que después deja de ser intenso, algo que parece siempre igual y después cambia radicalmente, que a veces es muy cambiante para más tarde instalarse en la rutina. Aporta alegrías y felicidad, pero también trae consigo dolor e infortunio, y nadie sabe exactamente cómo se realiza el reparto entre ambos lados. Obliga a las personas a buscar sentimientos y relaciones, que después desaparecen, y les aporta sentido para después arrebatárselo. La polaridad es uno de los fundamentos de la vida: late entre dos polos opuestos como alegría y tristeza, miedo y esperanza, ansia y decepción. Y entre ser y dejar de ser, algo que durante mucho tiempo se ha considerado un destino imposible de cambiar. En cualquier caso, continuamente ocurre y deja de ocurrir algo. Cada ser va unido a un dejar de ser,

cada dejar de ser va unido a un ser, también en el envejecimiento. Sin embargo, actualmente se ha puesto en
cuestión este fundamento de la polaridad. ¿Cómo puede
ayudarnos la serenidad?

La serenidad nos ayuda a adquirir conciencia de las
diferentes etapas de la vida y a aceptar sus peculiaridades. Estas etapas tienen cierta similitud con el transcurso del día: mientras que algunas mañanas saltamos de la
cama, otras resultan muy pesadas. Pero aun así muchas
veces experimentamos una gran euforia ante el nuevo
día: tenemos mucho tiempo a nuestra disposición, se
nos presentan muchas oportunidades y, llenos de energía, realizamos con entusiasmo nuestro trabajo hasta el
mediodía, momento en el que nos tomamos un descanso. De esta forma damos inicio a una tarde que se puede
extender de manera interminable. Nos asalta la pere-
za, el cansancio pesa en las extremidades e, inesperada-
mente, nos sentimos presas de un vacío somnoliento.
¿Cómo conseguiremos superarlo? El punto de inflexión
de la vida cotidiana aparece de repente cuando nos asalta el pensamiento de que el día se está terminando y aún
nos queda mucho por hacer. No nos dejemos llevar por
el pánico, después de la cena aún tenemos tiempo por delante; además, el final del día es cuando podemos disfrutar de la familia y los amigos y conocidos hasta que
nos sintamos cansados y no nos quede más que hacer
que entregarnos al sueño.

Algo parecido ocurre con las etapas de la vida, aunque, ciertamente, estas pueden ser muy diferentes de

una persona a otra. El primer cuarto de la vida corresponde a la primera hora de la mañana. Aunque levantarse de la cama pueda resultar pesado, la persona joven
tiene ante sí todas las posibilidades en los primeros años
y en las primeras décadas de la vida: se puede convertir
en cualquier cosa. Se puede sentir inmortal en el espacio
interminable de las posibilidades que se le pueden pre-
sentar a través del juego, la experimentación y la enseñanza. Se trata de una vida plena con todos los horizon-
tes abiertos: una época de capacidades potenciales. «Yo
puedo ser esto» es el lema de esta etapa: podría serlo si
lo quisiera.

Envejecemos desde el mismo instante en que empe-
zamos a existir, aunque es casi inapreciable. Todos em-
pezamos a envejecer en el seno materno, aunque no nos
demos cuenta; luego, un niño de 3 años cumple rápi-
damente los 6, uno de 6 los 12, y uno de 12 llega finalmente a los 18. A medida que vamos cumpliendo años
y experimentando cambios, la perspectiva del proceso
de envejecer también va cambiando. Mientras que cuando se es niño parece que el tiempo no pasa nunca con
la suficiente rapidez, para el joven adulto va demasiado
rápido, de manera que le queda poco espacio para la
serenidad. En este momento, algunos saben exactamente lo que quieren, y desean seguir adelante con gran rapidez. Otros aún están buscando y preferirían dar la
vuelta cuando llegan a este punto («Temo hacerme viejo», me dijo un veinteañero). Al final, la pubertad se
supera con una gran crisis vital al producirse las pri-

meras decepciones al ver en qué se traducen en la realidad aquellas potenciales relaciones y actividades. Esto provoca lo que se conoce como la crisis del cuarto de vida (*Quarterlifecrisis*, Abby Wilner y Alexandra Robbins, 2001).

En este primer cuarto de vida ocurren muchas cosas. Se puede experimentar casi de todo y todas las experiencias tendrán su utilidad en el transcurso de los años. El paso hacia el segundo cuarto de la vida se presenta como un cambio rápido, y solo bien avanzada la tarde, más o menos alrededor del 30 cumpleaños, se empieza a instalar la sensación de que el horizonte no va a seguir tan abierto durante tanto tiempo como había parecido hasta el momento. Esto no está vinculado con los años concretos, puesto que el momento de aparición de esta crisis puede variar bastante de una persona a otra, pero se presenta con la formulación de la siguiente pregunta: ¿qué planes se pueden realizar aún?

El tiempo presiona cuando se trata de poner en práctica proyectos largamente acariciados como, por ejemplo, fundar una familia o alcanzar una meta profesional. La presión interior es mucho más fuerte que la exterior en relación con conseguir finalmente compromisos y establecer una relación con uno mismo, con los demás y con el mundo para trabajar en la realización de ideas y metas, si es que se quieren alcanzar de verdad. El indicador principal de esta fase es la eliminación del condicional («Podría si quisiera»), para poner a prueba un *puedo real*. Ahora el lema es «Yo puedo» poner algo realmente en funcionamiento, aunque sea necesario mucho tiempo y superar grandes dificultades. El entusiasmo por este trabajo supera las posibles exigencias del propio yo. La fuerte sensación de encontrarse en mitad de la vida, estresado pero lleno de energía e invencible, hace que vuelva a ser muy fácil olvidarse del envejecimiento.

A pleno rendimiento, las personas entre 40 y 50 años atraviesan la mitad del día, la mitad de la vida, teniendo en cuenta que una esperanza de vida de 80, 90 o 100 no es nada raro en una sociedad moderna (según datos de principios del siglo XXI). A partir de ahora el número de los años por venir será siempre más pequeño que el de los que han pasado. El envejecimiento nos sigue los pasos como un acosador, que no mantiene una distancia constante y al que por ello no podemos ignorar. La unión natural de cuerpo, alma y espíritu para entrar en una nueva fase vital provoca turbulencias que recuerdan los enfados de la pubertad y que también se pueden alargar varios años. En el momento en que la sensación vital es de que nos sentimos saciados por un almuerzo bueno y abundante, y por eso también un poco adormilados, este paso provoca una sacudida. En esta época, la serenidad solo es posible si estamos muy dispuestos a dejarnos llevar por esta transición.

El envejecimiento nos sigue los pasos como un acosador, que no mantiene una distancia constante y al que por ello no podemos ignorar.

Con la crisis de la mediana edad y los años de cambio la perspectiva de la vida cambia radicalmente: lo que durante mucho tiempo ha sido una vida prospectiva, abierta hacia delante y orientada hacia el futuro («¿Cómo será mi vida? ¿Qué me gustaría conseguir y qué puedo hacer para alcanzarlo?») se convierte cada vez más en una vida retrospectiva, la perspectiva hacia delante se vuelve más estrecha y por ello la orientación se dirige más hacia el pasado («¿Cómo ha transcurrido mi vida? ¿Qué he hecho y logrado hasta ahora?»).

Mientras que durante los años de juventud no se podía ver ni oír entre los temas de interés nada que tuviera que ver con el envejecimiento, la muerte y el final de la vida, ahora el pensamiento se vuelve inopinadamente hacia esos aspectos, cuando no se ve obligado a hacerlo por algún motivo práctico. La situación vital varía y las nuevas experiencias corporales y espirituales se manifiestan con rapidez en la visión que se tiene de la vida y del mundo. Las personas son prisioneras de su punto de vista, están influidas por sus situaciones vitales y por su ambiente de trabajo, sus experiencias y sus relaciones. Esta visión es tan dominante que prácticamente resulta imposible imaginarse cualquier otra. Aunque es posible compartir sentimientos y pensamientos con otras personas, sean mayores o más jóvenes, su punto de vista no será el propio. La perspectiva que se alcanza en este momento, y que se supone que supera la que se tenía con anterioridad, también es limitada, pero está en consonancia con otra vida y con otro pensamiento. Crece el conocimiento de los límites de la vida, aunque sigue siendo muy teórico, porque desde el punto de vista práctico la frontera se encuentra aún muy lejos.

2. COMPRENSIÓN
DE LAS PECULIARIDADES
DE LA EDAD
Y DEL ENVEJECIMIENTO

Un segundo paso para alcanzar la serenidad al envejecer es la adquisición del conocimiento de las peculiaridades de esta fase de la vida, el mantenimiento de una actitud abierta a los cambios asociados con la edad y la comprensión de los retos que el envejecimiento trae consigo. El tercer cuarto de la vida ofrece años y décadas que pueden estar llenos de actividades y de las ganas de vivir que provoca la conciencia de que se van reduciendo las perspectivas de la vida. La persona que envejece aprende que se van cerrando alternativas. Aparece la gran rebelión: «¡No es posible que haya ocurrido todo esto!». Muchos intentan rescatar de la ruina algunas de estas posibilidades, de manera que abandonan actividad-

> La persona que envejece aprende que se van cerrando alternativas. Aparece la gran rebelión: «¡No es posible que haya ocurrido todo esto!».

des cotidianas y rompen relaciones estables para emprender algo completamente nuevo.

También la tarde de la vida conoce un poder excelente y específico. «Yo puedo hacerlo» es ahora el lema mucho más que antes: sé cómo funcionan las cosas y puedo conducir con los ojos cerrados por los caminos conocidos. De esta manera puedo equilibrar las fuerzas que me van abandonando (compensación). Incluso parece que aumenta la fuerza del espíritu porque la puedo canalizar mucho mejor (concentración). Ya no tengo que hacer todo lo que es posible, sino clasificar y decidir con mayor conocimiento de causa (selección). Lo que hago, lo puedo realizar mucho mejor (optimización). Este poder de realización es una consecuencia de la sensibilidad que está formada a partir de las experiencias, buenas y malas, y que se puede seguir refinando. La adquisición de nuevos conocimientos incrementa el proceso de acumulación de experiencias, sin necesidad de sustituirlas. En el mundo del trabajo, las empresas harían bien en apostar por el tesoro de conocimientos de los mayores, que están dispuestos a ponerlos a su disposición y transmitirlos a los jóvenes. En el mejor de los casos, el reino de creatividad ilimitada de los jóvenes se puede unir a la experiencia que ofrece el punto de vista de los mayores. Si esto ocurriera en toda la sociedad, el proceso de envejecimiento podría conducir a un enfriamiento del recalentamiento de la modernidad para alcanzar una modernidad diferente.

Esta mayor capacidad de hacer del tercer cuarto de la vida no solo debería afectar a los asuntos profesionales, sino que debería abarcar todos los aspectos de la vida, en especial la relación con uno mismo y con los demás. ¿Acaso envejecer no consiste en convertirse en «maestro de vida», que era el nombre que recibía el Maestro Eckhart? ¿No radica en eso la culminación de la vida y el objetivo del arte de vivir? Pero en maestro solo se convierte aquel que lo ha aprendido todo, y en el arte de la vida no puede existir una maestría definitiva, porque la vida sigue siendo un proyecto de aprendizaje hasta el final: siempre existen nuevos conocimientos y exigencias, cambios sociales y logros técnicos que es necesario asumir, ningún conocimiento puede conducir a la sabiduría definitiva. Esto no es nada nuevo, en el siglo I d.C. Séneca ya estaba convencido de que «Se debe aprender a vivir durante toda la vida» («*Vivere tota vita discendum est*», *De la brevedad de la vida*, 7, 3).

Ahora hay que aprender a asumir las señales evidentes del envejecimiento. En esta fase, el amor propio consiste en establecer una relación de amistad con los fenómenos de la edad, que se harán evidentes aquí y allá. Durante el transcurso del tercer cuarto de la vida, resulta más evidente la edad en los demás, pero ¿también en uno mismo? El cabello ralea y encanece, las arrugas del rostro se marcan más, los achaques son más frecuentes. El cuerpo tiene tendencia a «oxidarse» si no se mantiene en movimiento. Aunque resulta un triunfo aliviar las consecuencias dolorosas del envejecimiento, la lucha encarnecida contra ellas marca aún más profundamente las arrugas en los rasgos del luchador. Resulta más difícil establecer nuevas relaciones y, por el contrario, se resalta el valor de la confianza en los demás y se cuidan más las amistades. Se empiezan a tranquilizar un poco los estallidos de sensaciones que antes eran tan frecuentes, de manera que la vida sigue su curso y algunas veces incluso se llega a instalar en el aburrimiento: ya se ha visto de todo, no hay nada nuevo bajo el sol.

Pero al llegar a mis 60 años me resulta evidente que la tarde de la vida se va a terminar en un periodo de tiempo previsible y que lo mejor no es dejarlo todo para última hora. La burbuja de inmortalidad, de la que me he sentido rodeado durante tantos años, aunque desde hace algún tiempo parecía un poco desinflada, ha estallado. Ahora conozco las posibilidades de mi vida porque las he vivido. Durante mucho tiempo han estado ocultas por la niebla delante de mí y ahora se muestran en su totalidad. Muchas posibilidades han quedado ahora atrás y vivo en la realidad que han ganado con o sin mi participación. Si existen otras potencialidades, ahora se presenta la última oportunidad para su realización. Con más urgencia que antes se formulan las siguientes preguntas: ¿A qué me aferraré? ¿Qué posibilidades existen? ¿Qué es lo más adecuado en este momento? ¿Qué es importante para mí? ¿Qué no debo seguir aplazando? ¿He de cambiar una vez más la vida desde sus fundamentos? ¿De nuevo el estrés? ¿Cuánto tiempo me queda? ¿Qué planes se pueden llevar aún a cabo? ¿Cómo puedo seguir entendiendo este mundo que cambia de una manera tan drástica? ¿Tengo aún fuerzas para ello? ¿Durante cuánto tiempo? La serenidad consiste ahora en reconciliarse con la discreta palabrita «aún». Su aparición se irá multiplicando a medida que se desarrolle el proceso: «¡Aún tiene buen aspecto para su edad!», «¡Aún está en forma!», «¡Es estupendo que aún tenga la cabeza clara!», «¡Está muy bien que aún vista de manera juvenil!», «¿Aún sigue encontrándose bien?». Por favor, no se enfaden cuando les digan esto, porque nunca se dice con mala intención: se trata de consolar, animar y alentar. Y es verdad: aún es así, pero no seguirá siéndolo. Se trata de la época del *aún*, en todos los aspectos: aún se puede llamar a un amigo para charlar con él; aún queda tiempo para una disculpa que parece adecuada; aún es posible y seguramente adecuado «devolver algo» y dar las gracias, se trate de lo que se trate.

Recuerdo mucho más que antes oportunidades pasadas y pérdidas dolorosas, oportunidades aprovechadas y encuentros que cambiaron mi destino, situaciones trascendentales y experiencias hermosas, que ahora brillan más que antes porque el presente parece que es cada vez más oscuro. La conciencia de que ya no tenemos a nuestra disposición tantas fuerzas como antes conduce al pensamiento de que toda la vida es una pérdida completa de fuerzas. Ahora la necesidad de poner en movimiento todas las capacidades del cuerpo, el alma y el espíritu que no se ponen en marcha por voluntad propia provoca que las fuerzas que nos quedan se agoten antes porque las explotamos más. De una manera natural se sigue tratando de una ascensión, que puede ocupar mucho tiempo, pero que en general se parece más a un ratón que ha sido cazado por el gato y que sube por la escalera hacia el piso de arriba: «Subimos», dice el ratón.

Esta fase puede ser muy larga, y en las sociedades del bienestar, el tercer cuarto de la vida agrupa a muchas más personas que en ninguna otra época, y estas personas aún no han alcanzado la fase final. Se acerca un cuarto cuarto de la vida, que corresponde a lo que en épocas anteriores era la parte final del tercer cuarto de la vida: después de una vejez ágil, una frágil, un envejecimiento acelerado a partir de los 75 u 80 años, o incluso más tarde. La distancia entre los que tienen que asumir grandes pérdidas y los que ahora empiezan a brillar con mayor fuerza es cada vez más grande. Pero aun así en algún momento comienza, de una manera suave o con una ruptura dolorosa, la transición entre el poder hacer excelente y la erosión de todo poder. ¿Acaso se puede emprender ahora, en la vejez, cualquier cosa? Ya ha pasado el momento. Las habilidades se desvanecen y las posibilidades se reducen hasta que, conforme nos hacemos más viejos, solo queda una: la pura realidad de la vida, que puede durar mucho, hasta que también se pierda. Lo que en su momento se llamó de una manera muy poética «el anochecer de la vida» puede ser bastante prosaico a causa de todo tipo de posibles limitaciones. La cultura moderna no prepara a nadie para superarlas.

En la vejez aún hay que aprender a ser más lentos, a repartir las fuerzas de una manera más eficiente, a cuidarse más, posiblemente a estar más solo que en épocas anteriores, a reflexionar sobre la vida que ya se ha vivido y a tener presente la muerte que ya no es una posibilidad lejana. El envejecimiento trae consigo preocupaciones de las que los jóvenes no pueden saber nada: comprender las instrucciones de uso cada vez más complejas de los aparatos técnicos; superar un solo escalón, sobre el que se saltaba fácilmente en otros tiempos; entrar y salir de la bañera...

De nuevo vuelve a adquirir un papel central, como al principio de la vida, la capacidad de moverse, la movilidad. Pero ahora se trata de algo diferente a las experiencias triunfales del niño al levantarse y poder caminar erguido, llegar a los sitios y literalmente independizarse con cada paso, porque la persona anciana se encorva y no puede trasladarse de un lugar a otro con facilidad. La gravedad contra la que se había erguido tan orgulloso ahora lo está derribando sin piedad. Con la movilidad reducida se ralentiza la velocidad de reacción. ¿Cuándo se presenta el momento oportuno para dejar de utilizar el carnet de conducir? Una despedida tan nimia puede provocar un gran pesar porque se puede vislumbrar en ella la gran despedida de la vida.

Incluso los que siempre eran jóvenes acaban envejeciendo. Resulta inteligente encontrar y preparar con tiempo espacios adecuados, y reflexionar sobre las circunstancias futuras y los condicionantes que plantearán, con
el fin de preguntarse: ¿en qué entorno me gustaría envejecer?, ¿en mi casa, con cuidados domiciliarios si fueran
necesarios?, ¿rodeado de mi familia, que podría conseguir una ayuda para cuidarme, si fuera necesario?, ¿en
una vivienda compartida con otras personas que se en-
cuentren en mi misma situación vital, o bien en una casa
donde convivan varias generaciones?, ¿en una residencia de ancianos...? ¿Qué cuesta todo esto? ¿Cuál es el
momento preciso para realizar todas estas disposicio-
nes? ¿Qué espacios están ya preparados para los impedimentos de la vejez? Si fuera necesario, ¿cuándo hay
que renunciar a la autonomía que se ha defendido durante toda la vida, y que en la vejez puede desaparecer
sin que lo queramos?

Nadie puede decidir cómo será su vejez, ni siquiera en
el cuarto cuarto de vida. Nadie ha tomado nunca la decisión de romperse un hueso, deprimirse o sufrir una
demencia. Nadie quiere encorvarse y encogerse, pero
ocurre. El cuerpo no se sigue reformando, sino que se
va desmontando. Por muy buenas razones, en la época
moderna se han dispuesto espacios extraterritoriales en
forma de residencias para ancianos que no pueden seguir el ritmo acelerado de la vida: para protegerlos de
los jóvenes, que les pasan por encima, de las máquinas,
que los aplastan. En cualquier caso, para apartarlos de la

circulación y no tener que preocuparse por ellos. De paso, adelanto a los más ancianos que son demasiado lentos para los jóvenes ancianos, los júniores-séniores. Me parece injusto, y no tiene nada que ver con la serenidad, que me falte la capacidad para comprender cómo se puede ser tan lento. Se paran aquí y allá para recuperar el aliento, y pienso: «Son realmente viejos, mucho más viejos que yo», y no me entra en la cabeza que en un periodo de tiempo bastante previsible yo también vaya a formar parte de ellos.

Al mismo tiempo me doy cuenta de que en las escaleras, inconscientemente, coloco la mano a la altura de la barandilla para poderme agarrar en caso de tropezar, porque sé muy bien que no podría recuperarme de un mal paso con la rapidez de antaño. En el bolsillo del pantalón busco la llave que voy a necesitar dentro de un momento y que aún no tengo que meter en la cerradura. También las capacidades de los sentidos, que hasta hace poco se daban por supuestas, empiezan a retroceder: mantengo el periódico a una cierta distancia para poderlo leer. Nadie me debe ver con gafas porque aún necesito un tiempo para acostumbrarme a ellas. En una conversación giro inconscientemente el oído que oye mejor para acercarlo a mi interlocutor. ¿Un audífono? ¡Nunca en la vida! No me molesta no oírlo todo, porque resulta un alivio no tener que reaccionar ante todo. Lo molesto es la impaciencia de los demás, que no me lo permiten.

Las personas que cuidan a ancianos saben que el proceso se puede acentuar: si la infancia es el proceso para

Desde muchos puntos de vista, al envejecer volvemos a recorrer el desarrollo del principio de la vida, pero esta vez en dirección contraria.

superar el cuidado de los demás, al que estamos existencialmente obligados, para alcanzar el cuidado de uno mismo, el envejecimiento es el camino contrario: desde el cuidado de uno mismo pasamos a tener que ser cuidados por los demás. Desde muchos puntos de vista, al envejecer volvemos a recorrer el desarrollo del principio de la vida, pero esta vez en dirección contraria. Salimos de los pañales y nos los volvemos a poner, nos tienen que alimentar, acostar y pasear, esto no le ocurre a todo el mundo, pero no son pocos los que pasan por ello. La sensación de espacio y tiempo, que se ha conquistado en los primeros años, se vuelve a perder en los últimos años. Lo que era fácil ahora es difícil, cuando desfallecen las últimas fuerzas que teníamos a nuestra disposición. En definitiva, el envejecimiento consiste en una acentuación de la ancianidad. Las costumbres bien arraigadas son de gran ayuda en todo este proceso: ¡Afortunado el que se puede aferrar a ellas! Entregarse a nuestras costumbres y hábitos favorece la serenidad.

3. COSTUMBRES
QUE FACILITAN LA VIDA

En el cuarto cuarto de vida, lo mejor sería que la vida que va envejeciendo ya no se «trasplantase», sino que pudiera seguir con sus costumbres en su residencia habitual. Aunque antes de esta etapa también resulta difícil mudarse. Las personas se acostumbran a todo (incluso al dolor, si no es muy fuerte), pero necesitan tiempo para ello y también fuerzas de las que ya no disponen en gran cantidad al envejecer. El sentido de los hábitos radica precisamente en poder confiar en ellos sin tener que emplear fuerzas adicionales: su cuidado es por ello el tercer paso hacia la serenidad. Las personas que envejecen dependen de sus costumbres, que han ido acumulando con su existencia, para no tener que estructurar de nuevo toda su vida. Lamentablemente, tampoco pueden prescindir con facilidad de sus hábitos, aunque molesten a los demás o les resulten perjudiciales a ellos mismos. ¿No han pasado así toda su vida?

En cada época tienen importancia ciertas costumbres que son importantes para seguir con el ritmo de vida adecuado, pero su reconocimiento representa un obstáculo para la modernidad porque son aburridas. El aburrimiento («siempre lo mismo», «ningún cambio», «nada nuevo») es el enemigo mortal del hombre moderno. La enemistad de la modernidad con las costumbres afecta a muchas personas, pero, sin embargo, quién no ha disfrutado alguna vez retirándose del ajetreo de la vida moderna vestido con los conocidos ropajes antiguos para alejarse, al menos temporalmente, de las nuevas e infinitas exigencias. Los hábitos transmiten tranquilidad porque son fiables y se pueden repetir.

El arte de vivir consiste también en la adquisición consciente de costumbres para *dejarse llevar* por ellas siempre que sea posible. Las costumbres son modos de actuar fiables y que se repiten con una regularidad tranquila, de manera que incluso pueden afrontar una urgencia que no se puede evitar. Por esa razón se las aplica voluntariamente, si no aparecen de manera involuntaria: mis pies encuentran solos el camino habitual; parece como si el desayuno se comiera solo mientras le echo el vistazo acostumbrado al periódico; cuando voy a comprar no tengo que pensar mucho y me dirijo a las estanterías de costumbre para coger los

> El arte de vivir consiste también en la adquisición consciente de costumbres para *dejarse llevar* por ellas siempre que sea posible.

productos (si no es que los han vuelto a cambiar de sitio); el sábado por la mañana me alegra la música de vals, que tengo por costumbre escuchar; el café matinal del domingo no lo tengo que pedir y puedo discutir la situación del mundo con el camarero; también la cena se prepara casi de manera automática, sin que ni siquiera tenga que pensar en lo que estoy haciendo.

Quien dude del papel que desempeñan las costumbres en la vida cotidiana puede realizar el siguiente experimento: escoja un día para pasarlo sin aplicar ninguno de sus hábitos, por ejemplo un domingo, y tome nota de las consecuencias. Ese día, desde el momento en que se despierte, todo estará por decidir. ¿Cómo saldrá de la cama? Tendrá que reflexionar profundamente sobre este primer paso. ¿Por qué, para qué, con qué pie y en qué momento? Esto puede durar horas, y cuando ya se encuentre en posición vertical, deberá seguir adelante. ¿Qué va a hacer en el baño? ¿Qué se va a preparar para desayunar?, ¿té, café u otra cosa? Lo que hace por costumbre queda descartado, así que cada vez que hace algo debe tomar una decisión. Ahora ha de decidirse por una taza en concreto, pero tiene veinte diferentes, y la que más le gusta, que es la que más utiliza, y que por ello ha dejado los rastros de su uso en ella, queda descartada porque no le está permitido hacer lo que hace por costumbre, así que todo está en cuestión.

Aunque a las personas modernas les cueste reconocerlo, las costumbres nos permiten evitar innumerables decisiones que debemos tomar continuamente. Solo cuando una parte de la vida cotidiana transcurre sin que haya que pensar en ella, quedan libres fuerzas que se pueden emplear de una forma mucho más intensiva en otros campos. Todo lo que no queda recogido en las redes de los hábitos puede recibir la atención necesaria, en especial las decisiones que no se presentan de manera habitual. Todos los aspectos que es necesario analizar en estos casos pasan entonces a organizarse según el proceso de decisión que acostumbramos a aplicar, porque lo más normal es que, ante la necesidad de tomar una decisión no habitual, en la cabeza gobierne el caos y no la claridad. Para poder tomar la mejor decisión posible, es necesario que conozcamos algunas de las características de las personas, de las cosas o de las relaciones que están en juego. Pero lo mejor es conocer esas características a través de un trato continuado con las personas o cosas implicadas, para que el roce se convierta en costumbre y no me pierda en la inabarcabilidad de lo desacostumbrado.

Pero el significado de las costumbres va mucho más allá; se trata del entramado de relaciones y procesos fiables a los que podemos dar un *sentido*, sin la necesidad de preocuparnos constantemente por ellos. Las personas pueden acomodar su vida a las costumbres adquiridas, y del proceso de establecimiento de los hábitos surge una confianza con un entorno, que constituye la esencia de un hogar. Un espacio no se convierte en un hogar por la existencia de cuatro paredes, sino a partir de las costumbres que se desarrollan en él y a su alrededor. Una vivienda nueva, incluso un alojamiento de vacaciones, dispone de cuatro paredes, pero carece de cualquier sensación hogareña: esta sensación se construye gracias a las costumbres, y en cuanto estas se han establecido causa pesar la separación de dicho lugar. Hasta qué punto estamos las personas sostenidas por la red de las costumbres, e incluso nos encontramos atrapados por ellas, se muestra en el transcurso de la historia individual y comunitaria, cuando en medio de pequeñas y grandes catástrofes se mantienen las costumbres que otorgan un ritmo a la vida, del que se pueden obtener fuerzas en las situaciones difíciles.

Dentro y fuera de las cuatro paredes, los hábitos pueden ayudar a gestionar lo extraño y procurar confianza. Esto es válido para las costumbres del comportamiento, así como para las de la vista, oído, pensamientos y sensaciones, y hábitos y rituales llevados a cabo entre varias personas. Incluso los problemas se convierten a veces en costumbres: las personas no quieren solucionar incondicionalmente problemas a los que se han acostumbrado y que se han convertido en una parte importante de su vida. ¿Para qué cambiar algo? Las personas que van envejeciendo intentan por encima de todo conservar la vida en la que confían, aunque sea problemática. Temen perderla si no lo consiguen. Confían menos que los jóvenes en que las nuevas costumbres puedan conducir a nuevas confianzas.

Una consecuencia posible de esta situación podría ser que se respetasen aquellas costumbres que facilitan la vida de una persona en el espacio y en sus relaciones, en su pensamiento y en sus puntos de vista, en sus sentimientos y en sus problemas. Está claro que sería mucho mejor que se pudieran superar las costumbres antes de que la persona quedase atrapada en ellas, pero eso no cambia nada el hecho de que confiamos dos tercios o tres cuartas partes de nuestra vida en los hábitos. Los jóvenes no mantienen su vida sujeta a demasiadas costumbres, pero éstas, a medida que nos hacemos mayores, condicionan una mayor parte de la existencia, de forma que cada vez nos cuesta más cambiar un entorno en el que confiamos, perder una relación personal a la que nos habíamos acostumbrado, aceptar la disolución de una relación que se había convertido en una costumbre... Y cuando el cambio es inevitable, lo normal es que se conserven en la medida de lo posible algunas costumbres. Afortunadamente, el disfrute de los placeres puede anclarse, gracias a las costumbres, incluso en la vejez.

4. DISFRUTAR DE LOS PLACERES Y DE LA FELICIDAD

Para equilibrar los posibles inconvenientes de la edad, el envejecimiento ofrece una ligereza del ser. Disfrutar conscientemente de los placeres y conocer la felicidad constituye el cuarto paso hacia la serenidad. Reciben una bienvenida más calurosa que en épocas anteriores algunos placeres que, ahora que ya ha pasado el momento de los huracanes orgiásticos, adquieren mayor valor al ser conscientes de que ya no vamos a disfrutar de ellos incontables veces, aunque no está claro cuándo será la última vez que escuchemos la canción melodiosa del mirlo al principio de la primavera, que olamos el aroma de la hierba recién cortada en la brisa de una tarde de verano, que arrastremos los pies por las hojas caídas en el otoño, que disfrutemos del calor hogareño mientras contemplamos los copos de nieve que caen en el exterior.

Disfrutamos de saborear una taza de café, que calienta el cuerpo y el alma, y da alas al espíritu, conscientes de que la vida es demasiado corta para tomar un mal café (y lo mismo puede decirse del vino). El aroma de la crema marrón, el sabor del líquido profundamente negro y el efecto excitante de la cafeína son placeres por los que vale la pena sentirse triste ante el declinar de la vida, con la esperanza de que se alarguen un poco. No hay razón para preocuparse de que con el paso del tiempo tengamos que tomar menos café, pues cuanto más cara resulta cada molécula de esta reconfortante bebida, mejor sabe, mientras que en el pasado ingeríamos grandes cantidades de café sin ser conscientes de los placeres que nos procuraba. La serenidad significa dejarse seducir por estas delicias. En la capacidad de degustar de una manera consciente radica la razón para «aceptar y estimar» la vejez, porque, según señala Séneca en la duodécima de sus *Carta a Lucilio*, «está llena de alegrías cuando se sabe utilizar».

En mí mismo he podido comprobar que, además del placer del café, también va creciendo el placer de viajar, ¿se trata de la expresión de unas nuevas ganas de vivir? Cuantos más destinos me vienen a la cabeza, menos tiempo me queda. *1000 lugares que ver antes de morir* es el título de un libro muy popular, pero un cálculo rápido me deja claro que ya no me es posible visitar esos mil lugares que debería ver antes de morir. Además, necesitaría mucho dinero y estaría sometido a un gran estrés al encontrarme continuamente de viaje y con el riesgo de agotar antes de tiempo mis recursos financieros y a mí mismo, que es lo que le ocurre a algunos compañeros de viaje: «Pronto no sabremos a dónde ir, ya lo hemos visto todo», opina con la mirada huidiza un hombre de 80 años aficionado a los cruceros y sin ningún «nosotros» a la vista. ¿Es posible que ya no le quede nada y que no tenga ninguna perspectiva para su vida? Pero, en cualquier caso, seguirá adelante con valentía: «¿Para quién vamos a ahorrar? ¿Para los herederos? ¡Que se ganen el dinero!».

Una gran importancia adquiere el placer del recuerdo, que desempeñaba un papel muy menor mientras la mirada estaba dirigida hacia delante. Pero en el momento en que la atención se dirige cada vez más hacia el pasado, hay que disfrutar de lo que se ha vivido y logrado. Regodearse en los recuerdos resulta aún más placentero porque ya no existe ninguna incertidumbre sobre el desenlace de la historia: se conoce el final. Los recuerdos melancólicos no son solo dolorosos y amargos, sino que también pueden ser placenteros y dulces, como la canción «Going Back» de Carole King (1966), que versionan con sensibilidad las estrellas del rock envejecidas (como, por ejemplo, Phil Collins, 2010). Resulta muy hermoso dejarse llevar por la nostalgia en brazos de la música, que despierta las sensaciones de entonces, cuando la propia vida era aún joven: incontables emisoras de radio apuestan por estos *oldies*, que permiten que los oyentes se dejen arrastrar libremente por la melancolía de que su mundo ya no existe, pero que era el mejor posible, mientras que el presente se aleja cada vez más de la verdadera vida...

Ahora obtiene sus frutos el hecho de haber trabajado con anterioridad en los recuerdos del futuro. Porque lo que antes era el futuro ahora es el presente, y lo que era el presente ahora es el pasado. Pienso con orgullo en empresas del pasado, que fueron muy valientes y salieron bien. Sobresalen por encima de las que no salieron adelante: yo fui todo eso y lo soy aún. Pero ¿todo esto es cierto? Cada recuerdo pone de relieve el pasado que llevamos impreso en el interior. Por eso el recuerdo de las muchas historias que forman la historia de la vida también es una invención, que tiene como objetivo convertir en un hilo rojo las hebras deshilachadas de la vida para «darle sentido». Escucha a los demás, anímalos a explicar y animarás a la interpretación y el embellecimiento. Bajo la suave luz del final de la tarde todo adquiere una tonalidad cálida y la distancia temporal permite un distanciamiento del recuerdo que hace posible que lo que ocurrió en el pasado se vea como un cuadro pictórico en el horizonte de la existencia, en el que las relaciones se presentan con plasticidad y en el que se introducen invenciones que se expresan llenas de fantasía.

Un placer que se intensifica con la edad es el placer de conversar y quizá también el placer de escribir algunas cosas para uno mismo y para los demás. Ahora se dispone de más tiempo para ello y se presentan muchas experiencias y reflexiones que pugnan para que las transmitamos y compartamos con los demás. Al igual que el cielo de la tarde al borde de la noche, se trata de la hora azul de la vida, que impulsa a las personas a sentarse en un rincón acogedor para hablar y explicar acontecimientos y reflexiones. Solo se trata de tomar de vez en cuando la palabra, no dejarse llevar por las repeticiones y preguntarse si es el momento justo de explicar precisamente esa historia, si los demás no se han ido aún y, desde luego, si están interesados en ella. Las cosas que tenemos reprimidas y que pesan en el alma pueden salir a la luz. Pero la conversación se diluye cuando nadie quiere escuchar, y parece que ese es uno de los problemas del envejecimiento: como hay muchos que quieren explicar algo, pocos desean esperar y prestar atención a los demás. Una solución a este problema podría ser la organización de salones de historias, incluso organizado por uno mismo, en los que se trate de hablar y escuchar.

¿Y el sexo en la vejez? Mantente joven. Han desaparecido los miedos desde que el sexo en la vejez se presenta libremente en el cine (*En el séptimo cielo*, dirigida por Andreas Dresen, Alemania, 2008). Antes nadie quería saber del tema, pero ahora se ha convertido casi en un lugar común. Pero el placer del sexo ha cambiado: el ansia que nos impulsaba antes para satisfacer a las hormonas ya no tiene tanta importancia. Ya no ocurre tan a menudo que caigamos el uno sobre el otro, pero la menor frecuencia no impide una intensidad creciente. El agotamiento posterior puede tener otras causas: el corazón y el sistema circulatorio se pueden ver seriamente afectados. Aun así, el gatillazo durante la práctica de sexo ocasional, que amenaza a los jóvenes, ya no es una posibilidad que se deba temer; entre otras cosas, porque ya no existen tantas parejas potenciales para ello. Tampoco resulta demasiado probable un embarazo accidental, así que el sexo se puede convertir finalmente en un medio de comunicación, inspiración y exaltación; ahora más que antes vale la pena mantener una conversación. La potencia perdida se puede explicar de una manera elegante: «¡Ya no me interesa!». Naturalmente, las pastillas ayudan a despertar de nuevo el placer, pero ¿lo quiero de verdad cuando ya no llega por sí mismo? ¿Lo quiere mi pareja? Eso habría que hablarlo. La serenidad se puede encontrar en el hecho de renunciar con buen ánimo a lo que ha parecido tan importante durante toda la vida. La importancia decreciente del sexo incluso puede propiciar el establecimiento de amistades más relajadas entre los sexos.

Para muchos resulta de gran importancia el placer de la jardinería. Trabajar la tierra con las manos cambia a las personas. En el jardín, el tiempo se convierte en un círculo, lo que sale al encuentro de la concepción del tiempo que tienen muchas personas que envejecen: la tierra representa el tiempo cíclico, que sienten mucho más cercano que el tiempo lineal de la modernidad. En el jardín se puede sentir que la vida humana también está incorporada a la naturaleza, y que, aunque puede que exista un verdadero final para los individuos, esto no es así para el conjunto del planeta. ¿Por qué a las personas les gusta la jardinería? Porque, al igual que las religiones, es un bálsamo para la herida de la mortalidad, que le duele a la humanidad de todos los tiempos. Todas las personas modernas están preocupadas por la mortalidad porque se imaginan el final como caer en un agujero negro, y ya está. El jardín, sin embargo, permite acomodar la idea de que para el individuo también existe un «reciclaje», una vuelta atrás en círculo, como se puede observar en la naturaleza: la pequeña parcela de tierra demuestra el ciclo de ser y desaparecer, que también puede representar el destino de las personas más allá de su mortalidad. Pero ¿eso es concebible?

> ¿Por qué a las personas les gusta la jardinería? Porque, al igual que las religiones, es un bálsamo para la herida de la mortalidad, que le duele a la humanidad de todos los tiempos.

Ahora ha llegado el momento oportuno para reflexionar sobre la vida, porque ya ha quedado atrás la mayor parte de ella. Se puede cultivar el placer del ocio, un tiempo libre de actividades dedicado simplemente a disfrutar de la existencia. Como un niño me puedo ocupar de las cosas que me interesan y fascinan; la libertad de pensamiento permite establecer relaciones interesantes a cada instante. *Carpe diem*, disfruta del día: ahora ha llegado el momento de vivir de esa manera, pero eso no significa que se pueda disfrutar de *todos* los días, porque también existen días desagradables, que, no obstante, sirven para algo: hacen que los días agradables sean más valiosos. La serenidad no consigue que todo y en todo momento y por encima de todo dé placer; el privilegio del anciano sereno es que ya no debe correr detrás de todos los placeres, y «se trata precisamente de tener el placer que a todos reemplaza: no tener ninguno», como opina Séneca.

A las actividades que sigue siendo posible realizar se suma ahora la pasividad, que no gusta nada a los modernos. Para el arte de vivir en la vejez están disponibles estas dos opciones para llevar una vida serena: por un lado, seguir activo en un sentido que no implique ninguna obligación, y que tenga que ver con mantenerse en forma, seguir formándose, comprometiéndose y cuidando las relaciones sociales, y por otro, tener un comportamiento pasivo, retirarse, pero manteniéndose activo en un sentido reservado, para estar disponible para uno mismo, para la familia y para los amigos. Resulta adecuado tratar a las personas ancianas con «terapias de activación» para evitar que se vayan consumiendo, pero es posible que esto no sea más que una consecuencia de la impotencia de los modernos, que no saben permanecer en calma. Porque ¿en qué otro momento que no sea la vejez se puede tomar en consideración el derecho humano a la pasividad? La vida obliga a la aceptación serena de muchas cosas que no se pueden cambiar, en especial experimentar el dolor y la infelicidad.

5. CONVIVIR CON EL DOLOR Y LA INFELICIDAD

¿Qué necesitamos cuando somos mayores? Desde luego, salud. Durante gran parte de la vida se ha dado por supuesta, pero ahora se convierte en algo así como una especie de trabajo. Podemos hacer mucho por ella: ocuparnos de nosotros mismos, alimentarnos bien, movernos mucho y cuidarnos con cosas que nos hacen bien. Pero solo unos pocos consiguen llegar totalmente sanos hasta el último día. La posibilidad del dolor y la enfermedad no se reduce con el paso de los años. Con los placeres, las personas pueden intentar la construcción de un muro a su alrededor, para que las experiencias positivas alejen las negativas, pero el quinto paso para alcanzar la serenidad es el fortalecimiento de la capacidad de sufrimiento para poder convivir con pequeñas dolencias y problemas más importantes. ¿Cómo lo puedo conseguir?

A mí me persiguen los dolores de espalda y en los hombros. ¿Por qué? ¿Cómo me puedo librar de ellos? ¿Qué vendrá después? Por las mañanas me arrastro al cuarto de baño como lo hacía antes tras una noche salvaje. Me siento como si me hubieran dado una paliza y me duelen todos los huesos, ¿esto va a ir a más? Las manchas de la edad en la piel no producen un daño físico, pero provocan un daño estético. También me duele no poder trabajar ahora durante toda una noche como en años y décadas anteriores. Las encías se han empezado a retraer, me informa con pesar el dentista, lo que no es ninguna buena noticia para mis dientes ni para mí. El médico de cabecera diagnostica artrosis, y añade tranquilizador que «está en la fase inicial». Durante mucho tiempo la próstata fue para mí una palabra desconocida, pero ahora ya he aprendido mucho más sobre ella. En ocasiones, cuando me levanto de la cama, noto una pequeña sensación de mareo, ¿es síntoma de algo? ¿A veces no me fallan los latidos del corazón?

Está bien, estoy exagerando un poco, pero prefiero ser un hipocondríaco a un ignorante: así me mantengo alerta. Y no voy a ir mejorando. De eso estoy seguro. Más que al *efecto nocebo*, que puede aumentar el daño (del latín, *nocebo* [«perjudicaré»]), temo los efectos negativos, temo el *efecto noreply*, es decir, que no pueda responder si ocurre algo de verdad porque no soy capaz de aceptarlo.

Si el dolor se convirtiera en una urgencia, tenemos a nuestra disposición posibilidades de intervención, y re-

sulta muy tranquilizador que existan: opciones farma-
céuticas, terapéuticas, meditativas y operativas, que se
pueden adaptar a las situaciones individuales. Pero más
allá de esto se encuentra la capacidad para integrar el
dolor en el tratamiento, que en los casos crónicos resulta
totalmente inevitable, para no emplear todas las fuerzas
en una lucha que, siendo realista, no se puede ganar.

Sí, el dolor condiciona enormemente la vida, hiere al
yo moderno en el sitio más delicado: su ansia de autonomía. No obstante, una serenidad consciente puede consistir en aceptar el dolor en la medida de lo posible. Y, en
caso de duda, puedo hablar con el médico para determi-
nar cuál puede ser mi límite de aguante ante el dolor.
¿Para qué? Para experimentar la vida en toda su profundidad, siempre que el malestar sea soportable. Para que, en
lugar de quejarme cuando me asalte de manera inespe-
rada el dolor, la enfermedad o cualquier otra desgracia,
pueda alegrarme de todo lo que se encuentra en mí y a
mi alrededor, y pueda incluso hacerlo mío: la ventaja de
esta propiedad será que nadie la envidiará y me pertene-
cerá a mí por completo.

Muchos aspectos de la vida dependen de la suerte y
de la mala suerte, sin que se pueda decir con toda seguridad cuáles son las causas de la una ni de la otra.
No tiene demasiado sentido otorgar la responsabilidad
a uno mismo, a los demás, a la vida o a todo el mundo
cuando pasa algo que no debería haber pasado. Puede
ocurrir una desgracia, nos puede asaltar una enfermedad
o se puede destruir una creencia. ¿Por qué me ha tocado

a mí? En realidad, nunca se puede encontrar una res-
puesta. ¿Por qué me ocurre ahora? Puede ser simplemente una casualidad. ¿Cuándo me libraré de ello? Es
posible que nunca. Y, entonces, ¿qué? Entonces solo te
queda convivir lo mejor posible con eso que te ha tocado y decirte: esta es la obligación que me impone la
vida, por casualidad o adrede, quién sabe. Acepto este
deber para hacer algo con él porque para algo servirá. Al
fin y al cabo, ¿todo lo que ocurre no tiene finalmente
alguna utilidad? No se trata de que esa utilidad sea necesariamente benéfica ni siquiera para el propio afectado, sino al considerarla en perspectiva. Con el paso
del tiempo, incluso mucho después de la muerte de esa
persona, será posible descubrir un sentido o se recono-
cerá una razón para lo ocurrido, ya sea porque la tuviera desde el principio o porque la hubiera adquirido con
posterioridad.

Y en última instancia, no está en mi poder evitar la
polaridad de la vida, la tensión entre el lado positivo y el
negativo. Sin ella no es posible la vida, como sabían en
otras épocas y se puede leer en los viejos relojes de sol:
«¿Qué sería de la luz sin las sombras?». Pero en la época moderna la creencia es que para tener una existencia
feliz se espera eliminar todo lo negativo de la vida, de
una manera sorprendentemente muy similar a la creencia religiosa en un más allá feliz donde imperen unas
condiciones paradisíacas de un reino totalmente positivo. Frente a las opiniones de otras culturas, en la cristiana hace siglos que se desterraron estas dudas, pen-

samientos negativos y melancolía al considerarlas un pecado mortal.

Pero el pecado mortal moderno es la depresión. Lo que siempre ha formado parte de la esencia del ser humano, pudiéndose considerar una constante antropológica, es decir, poder estar depresivo, agobiado e infeliz, se convierte en un defecto importante, que para evitar juicios morales se llama «enfermedad». Por eso, muchos de los que se consideran depresivos, y con frecuencia están diagnosticados como tales, en realidad solo son melancólicos. Padecen lo que en el lenguaje antiguo se consideraban *depresiones* (en plural), que no son nada más que la antigua y conocida melancolía, un estado del alma que no se puede considerar una enfermedad y al que, según el sentido original de la palabra melancolía (*melancholia* en griego), no es necesario atribuirle necesariamente un contenido de amargura.

Parece que las personas adultas y ancianas se relacionan con más frecuencia con ella que los más jóvenes. Eso también ocurre con la verdadera enfermedad de la depresión (en singular), que, a diferencia de los sentimientos y pensamientos de la melancolía, se caracteriza por el enquistamiento de los sentimientos y la incapacidad para reflexionar. El afectado no se puede valer por sí mismo y no puede salir del estrecho círculo de sus pensamientos, de manera que depende de los familiares y amigos que no le abandonan en estas circunstancias y de los terapeutas y médicos que se ocupan de él.

Para que el diagnóstico no sea tan fácil, existe un terreno gris entre la melancolía y la depresión que es difícil de valorar. Pero como el diagnóstico de depresión se aplica cada vez más a la melancolía, el número de enfermos ha llegado a ser desorbitado, algo que es bueno para la industria farmacéutica y para que el público se tome en serio esta enfermedad, pero que no lo es para estos individuos, que si están afectados por la melancolía necesitan más a alguien para conversar que medicamentos, mientras que si su dolencia es la depresión precisan un tratamiento médico y terapéutico.

La melancolía puede llegar de manera insospechada y por muy diversas razones: la pérdida de la seguridad provoca una tristeza que no se puede consolar con facilidad. Las personas «caen en depresiones» cuando pierden algo que les resulta importante, pero también cuando no consiguen lo que esperaban. Y en ese mismo sentido, cuando se cumple un deseo muy profundo, puede aparecer un vacío inesperado: la consecución de una meta le daba sentido a su vida, pero cuando la alcanza, la vida deja de tener sentido. Un ejemplo de ello podría ser el problema de la obsesión por llegar a la jubilación: un peligro que muchos subestiman.

También existen épocas asociadas a la melancolía: en otoño, porque caen las hojas; en invierno, porque casi no hay sol; en la crisis de los treinta o en la de la mediana edad y en otros momentos de crisis vital al acordarse de los buenos viejos tiempos. Si la melancolía será un invitado huidizo o ha llegado para quedarse, no queda claro desde el principio. Con frecuencia desaparece por sí misma cuando se la deja actuar con serenidad. Por eso no hay que decir que se la «deba superar», porque no siempre es así. Lo más adecuado es considerar que forma parte del hecho de ser humano y que es muy adecuada para completar la experiencia total de la vida.

La melancolía resalta en la vejez sobre todo la soledad existencial, que queda reforzada por una cultura en la que el yo reina como nunca antes. Porque cuanto más fuerte es, más se centra en sí mismo: *yo* vivo esta vida y no otra; *yo* debo analizar las razones que han provocado una existencia desgraciada o que han atraído una desgracia; solo *yo* puedo llevar esta vida hasta su final y nadie me lo puede arrebatar; *yo* tengo mis ideas sobre el más allá, y son diferentes de lo que piensan los demás. Completamente inabarcable e inconsolable es el dolor que me provoca la vida y el mundo que aparecen delante de mí. Sobre todo resulta dolorosa la idea de que el tiempo de la vida tiene un límite, que en algún momento tendré que abandonar esta vida y a las personas queridas y que este final se acerca implacablemente y ya no se encuentra en una lejanía invisible.

> La melancolía resalta en la vejez sobre todo la soledad existencial, que queda reforzada por una cultura en la que el yo reina como nunca antes.

¿En qué punto nos encontramos? «Where Are We Now?», preguntaba David Bowie en la canción del mismo título de 2013, con una melancolía que provocó que muchas emisoras de radio dejasen poco a poco de lado esta canción, aunque al principio fue todo un éxito (creían que no podían difundir entre su público tanta melancolía). En algunos de los versos de la canción, Bowie recordaba los viejos tiempos en Berlín, donde vivió entre 1976 y 1978. Y al cumplir los 66 años se daba cuenta de que ahora se relacionaba con la muerte y la sacaba a pasear: «*just walking the dead*». Nada permanece, todo pasa y lo que ha pasado ya no se puede recuperar, «*you know, you know*». No se puede cambiar que todo acabe pasando, aunque siempre aparezcan cosas nuevas: eso les pasa por la cabeza a las personas durante la vejez mucho más que en etapas anteriores. Pero para no hacerle demasiado caso a la cabeza se puede recurrir a las diferentes modalidades del contacto físico que permiten que sea más fácil conservar la serenidad, incluso en los momentos más difíciles.

6. TOCAR PARA SENTIR
LA CERCANÍA

Las personas dependen del contacto físico durante toda su vida. Desde el nacimiento vela por el fortalecimiento del sistema inmunológico y por el establecimiento de lazos afectivos y de protección y amparo. A lo largo de los años, los niños y los adolescentes se sienten consolados si se les abraza. También los adultos conocen los efectos positivos de la caricia o el contacto de una mano. El pulso acelerado se puede tranquilizar o una presión sanguínea creciente se puede reducir con la cercanía de una persona querida: la búsqueda del contacto físico es el sexto paso hacia la serenidad.

El medio para el acercamiento entre las personas es con frecuencia el contacto físico: un leve roce en el brazo significa una confianza inmediata, y cuanto más frecuente y duradero sea ese roce, más estrecha se puede volver la relación. Por el contrario, la separación entre

> El contacto físico es
> una atención sin la
> cual tanto el cuerpo
> como el espíritu
> se acaban secando
> y marchitando.

las personas empieza por una negación del contacto físico, y esa es una experiencia que está profundamente arraigada en la existencia de cada individuo: cuando me tocan, vivo y siento que vivo; cuando me dejan de tocar, me abandona la vida y dejo de sentir la vida. El contacto físico es una atención sin la cual tanto el cuerpo como el espíritu se acaban secando y marchitando. Cuanto menos contacto físico recibe una persona, más extraño se sentirá consigo mismo y con los demás, y al final también con el mundo. La persona se siente excluida sin saber la razón de dicha situación. Aquel que no recibe el roce de nadie ni de nada muere en soledad mucho antes de que llegue la hora de su muerte.

Lo que nos ayuda mientras envejecemos es el contacto físico. Pero precisamente en el momento en que es más importante esta necesidad es menor la disposición de los demás. La piel ya no es suficiente reclamo, como en un bebé, para que alguien la quiera tocar. A una edad muy avanzada parece que muchos transmiten la impresión de que rechazan dicho contacto, por lo que nadie está dispuesto a realizarlo. En realidad, es la cultura que prima a las pieles que huelen bien y no tienen máculas la que provoca que los mayores y los ancianos sean «intocables», como si tocarlos significase contagiarse de la edad y sobre todo de la muerte. Además, debemos tener en cuenta la comunicación básica a través del tacto cuando los otros sentidos como la vista y el oído empiezan a fallar, regresando a la situación del principio de la vida. Y al final de la vida, con frecuencia los moribundos no tienen más necesidad que una mano que sostenga la suya y les limpie el sudor de la frente.

Para satisfacer la importancia del contacto físico durante la vejez, se debe garantizar al menos la atención básica, que debe consistir en el cuidado personal, mientras este sea posible, y en el cuidado por parte de los demás cuando sea necesario. Esto se refiere, en primer lugar, al contacto corporal, como por ejemplo la mano que permanece durante un instante más de lo normal en la mano del otro, el abrazo ocasional que no se puede malinterpretar, el masaje y la terapia corporal regulares, el trato con animales domésticos, así como el roce del agua durante el baño o en la piscina nadando, y tocar materiales, telas y objetos.

No obstante, la serenidad no se alcanza únicamente a través de un contacto corporal adecuado, sino con cualquier tipo de estímulo agradable que puedan proporcionar los sentidos: una cara bonita, contemplar una imagen o un paisaje, escuchar o interpretar música, para uno mismo o cantando en un coro, inhalar un aroma, degustar una comida, también moverse, ya sea paseando o haciendo deporte, y todo aquello que nos otorga la sensación de vivir con más intensidad. De los estímulos agradables que nos llegan a través de los sentidos se deriva mucho *sentido*, y cada experiencia corporal y sensual tiene también un reflejo en el alma y en el espíritu.

A mí me resulta fácil tomar la iniciativa de un contacto de este tipo porque provoca un resultado por sí mismo, aunque no esté claro cómo reaccionará el otro. La contrapartida del *contacto* activo es el *dejarse tocar* pasivo, que deriva de la predisposición a dejarse tocar. Resulta especialmente maravilloso cuando coinciden ambos aspectos, como ocurre, por ejemplo, en un abrazo, cuando dos personas se unen piel con piel durante unos instantes. El contacto físico con otras personas se convierte al mismo tiempo en un dejarse tocar, porque en la medida en que tocas eres tocado.

Un tocar y dejarse tocar sin imposición y que se da por supuesto es el baile. Por esta razón, encontrar ocasiones para bailar también forma parte del trabajo con personas ancianas. Sin embargo, no cabe duda de que al igual que resulta negativo no disfrutar del contacto físico, cuando este se convierte en una imposición puede llegar a ser una tortura. Se necesita tener una gran sensibilidad para encontrar el punto justo.

También es muy importante en la etapa del envejecimiento el contacto espiritual, que tiene que ver con todas las sensaciones que se pueden derivar de la amistad y la amabilidad. Siempre que no esté presente el desinterés, resulta posible el contacto espiritual. La serenidad es un estado en el que el individuo se encuentra libre de turbaciones físicas o morales, y nada tiene que ver con la indiferencia ni con la insensibilidad. Las sensaciones son el condimento de la vida, sin ellas todo pierde su sabor. Son el lenguaje del alma, que se expresa mediante las palabras, pero también a través de miradas, expresiones, gestos y comportamientos. Durante toda la vida estas expresiones verbales y no verbales propician que las personas se sientan cercanas o que no quieran dicha cercanía.

Y es que las sensaciones no siempre son positivas, ya que también están condicionadas por el principio de polaridad que rige nuestras vidas. Para los ancianos, los sentimientos negativos pueden ser tan nocivos como lo son para los más jóvenes cuando no pueden evitar ni comprender su inquietud interior.

La capacidad de sentir termina con la demencia y otras incapacidades de la vida, que culminan con el último aliento, y esto es algo que de lo que deberían ser conscientes quienes se encuentran alrededor de la persona anciana.

Para alcanzar la serenidad hay que tener muy presente el contacto espiritual. En una conversación una persona puede sentirse conmovida por el pensamiento de los demás y puede a su vez conmover a los otros con sus pensamientos. Pero esto no ocurre solo cuando hablamos, sino también cuando permanecemos en silencio: estando en silencio se pueden intercambiar pensamientos. Precisamente, es cuando estamos en silencio cuando nos asaltan los pensamientos, ensoñaciones, intuiciones y fantasías, que no solo afectan a la realidad, sino también a lo irreal.

Una forma de tocar y dejarse tocar espiritualmente en silencio es mediante la lectura. A lo largo de la historia ha estado relacionada con el contacto sensual al tomar en la mano un libro y hojear sus páginas, pero también el uso de los nuevos medios permite una experiencia sensual, ya sea con el tecleado, el roce, el arrastre, el toque y con la estupenda posibilidad de aumentar la letra en un libro electrónico, lo que soluciona con sencillez un problema muy antiguo.

> ¿Séneca está muerto? Parece que las posibilidades del ámbito espiritual no están sometidas a la mortalidad, lo que es razón suficiente para una gran serenidad.

Pero ¿qué ocurre cuando la vida del espíritu se debilita con el tiempo y casi desaparece? Solo podemos suponer que todo lo espiritual sigue viviendo de otra manera. Al envejecer y en la vejez, muchos experimentan en este ámbito espiritual un caudal de extensión inabarcable que, independiente del espacio, del tiempo y de la realidad, existe por sí mismo. ¿De qué otra manera pueden estar muy vivos los pensamientos de los que llevan mucho tiempo muertos? ¿Séneca está muerto? Parece que las posibilidades del ámbito espiritual no están sometidas a la mortalidad, lo que es razón suficiente para una gran serenidad. Para ello, las relaciones de amor y amistad ofrecen a la vida las posibilidades más hermosas: hacen posible un tocar y ser tocado por igual a nivel del espíritu, del alma y del cuerpo. Ocuparse de relaciones entrañables y positivas es un séptimo paso hacia la serenidad.

7. AMOR Y AMISTAD
PARA SENTIRSE INMERSO
EN UNA RED

¿Qué resulta más útil en la vejez? «Hijos bondadosos», responde mi hijo de 17 años como si hubiera disparado una pistola. Él lo debe saber porque en este momento tiene delante a unos padres muy poco bondadosos, puesto que acaba de abandonar los estudios. Un momento desgraciado que, a pesar de eso, no amenaza el amor entre padres e hijos: sus raíces más profundas no se hunden en la suerte veleidosa, sino en un sentido duradero, en un bienestar para padres e hijos, y en dar ánimos al niño para que deje de serlo y viva su propia vida.

Los hijos son una razón de la serenidad durante la vejez porque representan la perpetuación de la vida. Y ayudan a los padres en las cuestiones prácticas: con ellos es posible seguir el ritmo de los tiempos, que corren con más rapidez de la que son capaces de perseguirlos unos padres cada vez más lentos. En todas las épocas de la historia de la humanidad, los padres han enseñado la vida a sus hijos, pero con las tecnologías cada vez más modernas que condicionan la vida hoy en día, la relación se ha invertido en parte y ahora los hijos enseñan la vida a sus padres porque en el uso de la tecnología van un paso por delante, puesto que crecen con ella. La posibilidad de asumir los cambios técnicos y mentales actuales ayudados por los hijos evita a los padres el destino de dejar de comprender el mundo, que se aleja cada vez más de ellos y los sume día a día en una mayor soledad. No obstante, la prueba definitiva del amor entre padres e hijos se presenta cuando los padres envejecen de manera muy evidente, y para entonces lo mejor es que hayan puesto los medios para no convertirse en una carga demasiado pesada para los hijos.

Junto con el amor entre padres e hijos, el amor entre abuelos y nietos puede transmitir un alto grado de sentido y serenidad a todos los implicados. Aunque los encuentros sean menos frecuentes que en épocas anteriores, los medios modernos hacen posible que se pueda mantener el contacto, incluso a grandes distancias. Muchos abuelos siempre están disponibles para sus nietos, para realizar actividades con ellos, escucharlos y explicárselo todo.

Pero la relación se vuelve problemática si se lanzan reproches a los nietos y si se rechaza el mundo cambiante en el que los jóvenes han establecido su hogar. No obstante, en la mayoría de los casos los nietos encuentran en los abuelos un ideal de la benevolencia y de la serenidad, que resulta muy positivo para su desarrollo. Los abuelos cuentan historias, que a ellos también les habían contado. Con sus vidas establecen un puente entre la «pequeña» historia familiar, a la que representan, y la «gran» historia de los tiempos pasados, que han vivido en parte, de manera que pueden despertar en los jóvenes un interés por el pasado. Entre la vida en pleno desarrollo de los nietos y la que se va marchitando de los abuelos se cierra el círculo de la vida. Unos y otros se pueden sentir inmersos en esta relación extensa que da sentido a la existencia.

La posibilidad de crecer con los niños que están creciendo es una de las épocas más intensas y bellas de la vida, o al menos eso es lo que me parece al mirar atrás: presenciar cómo descubren el mundo nos ayuda a volver a descubrirlo. ¿Y cuando no hay hijos ni nietos? Entonces es apropiado buscar el contacto con niños, de una manera que no pueda conducir a ningún equívoco. Los padrinos de lectura, por ejemplo, permiten a una parte de la sociedad entrar en las escuelas y muestran a los niños que el mundo extraño «de allá fuera» se interesa por ellos y a cambio quiere saber qué es lo que les mueve. Todo compromiso como padrino de aprendizaje o padrino social de niños con discapacidades puede convertirse en un punto de referencia para su resistencia («resiliencia»). Los niños se pueden desarrollar sin problemas incluso bajo las circunstancias más difíciles, siempre que reciban un poco de dedicación y cariño, que están siempre dispuestos a devolver con creces. Las personas ancianas, por su parte, se sienten más inmersos en la vida cuando pueden participar en el crecimiento de los niños. También la integración de guarderías en residencias de ancianos, que se ha intentado en diversos lugares, contribuye en este sentido.

Asimismo, los hermanos, si los hay, pueden incorporarse a la red que debe sostener a la persona durante la vejez. Los hermanos pueden compartir todas las experiencias, hasta las más insignificantes, alegres o tristes, porque tienen confianza entre ellos y siempre están ahí para poder hablar. Esta relación está disponible durante toda la vida y puede dar amparo cuando todo lo demás ha fallado. Los hermanos solo tienen que superar de alguna manera el obstáculo más grande de la vida en común: la envidia y el rencor cuando aparece una herencia. No todos lo superan y prefieren aprovechar esta circunstancia para saldar cuentas de la niñez. Algunos pretenden guardar su pena hasta el final de sus días y nada ni nadie los puede apartar de ella. Pero no tienen en cuenta que la soledad gana terreno en sus vidas con cada relación en la que se pierde la serenidad.

Lo que puede quedar para siempre es el amor a la persona con la que se ha compartido la vida o al menos una parte de ella. Una persona es suficiente para dar sentido a la vida; esa es la clave para seguir siendo jóvenes durante mucho tiempo. Y constituye la base para superar con serenidad todos los obstáculos. La vida es más hermosa y tiene más sentido cuando existe al me-

nos una persona de cuya existencia me alegro y que por su parte
se alegra de que yo siga aquí,
aunque no sea todos los días.

> Una persona es suficiente para dar sentido a la vida; esa es la clave para seguir siendo jóvenes durante mucho tiempo.

Pero en la vejez, mucho más
que en cualquier otro momento
de la vida, dependemos de la benevolencia entre nosotros que se
deriva de la decisión que cada
uno ha tomado por su lado: «¡Esta es la persona con
quien quiero estar!». Cada vez es más frecuente que nos
comportemos de manera cambiante ante la perspectiva
de, por ejemplo, los fallos de memoria, la falta de concentración, la movilidad reducida o la pérdida de atrac-
tivo. Sobre todo en esos casos, cuando parece que el
otro ha dejado de ser quien era, quizá por causa de la
amargura, la depresión, la demencia o una enfermedad
grave, se pone a prueba si nuestro amor resistirá hasta la
muerte. Si la mayor muestra de amor en la juventud era
afirmar «contigo hasta el fin del mundo» y «envejecere-
mos juntos», ahora ha llegado el momento de demostrar
en el día a día que no eran solo palabras hermosas.

Y en la vejez alcanza una importancia capital la amistad. ¿Qué queda cuando se termina una actividad o un
compromiso? Para muchos son «los amigos que he conseguido». Al amigo me unen recuerdos imborrables, con
él puedo hablar, con él me puedo sincerar, aunque no
demasiado para no convertirlo en un paño de lágrimas.
La confianza es lo más bello de la amistad; el amigo es

una persona de la que no pretendo nada ni espero nada, con la que simplemente me gusta estar porque es como es. Me alegra que haya alguien que me quiera y a quien yo quiera, en el que encuentro comprensión y que él la encuentra en mí, con el que puedo tener privilegios y, de nuevo, él puede tenerlos conmigo.

> La serenidad de la amistad... Resulta raro que los amigos vivan juntos, lo que evita muchos enfados, y también es raro que haya sexo, lo que ahorra aún más problemas.

La serenidad de la amistad... Resulta raro que los amigos vivan juntos, lo que evita muchos enfados, y también es raro que haya sexo, lo que ahorra aún más problemas. Está claro que la amistad no se fundamenta solo en la buena suerte, sino que como mejor se pone a prueba es con los problemas, pues es entonces cuando se puede comprobar que existe una verdadera amistad, aunque, en la mayoría de los casos, basta con no verse durante un tiempo.

Con el paso de los años se desarrolla un «sexto» sentido de lo que le gusta al otro y lo que le desagrada, lo que le hace bien y lo que no, lo que sabe hacer y lo que le supera.

Todo tipo de relaciones tienen importancia para una vida llena de sentido y serenidad, lo que resulta cada vez más evidente con la edad. Por eso se plantean preguntas con mayor conocimiento de causa: ¿a quién he perdido de vista? ¿Ha sido para bien o para mal? ¿Lo lamento? ¿Me gustaría saber lo que ha sido de él o de ella? Es posible que ya sea demasiado tarde y ya esté en pleno desarrollo lo que la filósofa Hannah Arendt observó en su propio entorno a la edad de 67 años, tras morir algunas personas de su círculo de amistades: la «transformación de un mundo con rostros conocidos (da igual que sean amigos o enemigos) en una especie de desierto, que está poblada de caras desconocidas». En una carta de diciembre de 1973 dirigida a su amiga Mary McCarhty lo llama un «deshoje» e incluso una «desertización» del mundo, del que no desaparece nada, sino que parece como si «el mundo se disolviera». Se trata en todo caso de su interpretación del mundo, que se diferencia de lo que es el mundo en sí mismo, pero esta diferencia parece que no importa demasiado a las personas cuando envejecen: la interpretación se funde con la verdad, de la que en el mejor de los casos se puede obtener una punta, como demuestran los cambios de interpretación que ocurren a lo largo de la vida.

También las antiguas enemistades desempeñan un papel; cada uno debe decidir si vale la pena llevárselas a la tumba. Ahora aún hay tiempo de buscar una reconciliación, quizá siguiendo el mandamiento del amor a los enemigos, que tiene tanta importancia en la ética cristiana. Pero seguirlo exige en la práctica una fuerza sobrehumana, por lo que podría ser mucho más practicable no superar una enemistad duradera, sino hacerla llevadera de una manera civilizada... ¿Acaso no ha conseguido una continuidad en la vida, mucho más que otras relaciones? Teniendo en cuenta sus largos años de fidelidad, ¿el enemigo no se merece que se le reconozca su papel? ¿No ha sido la experiencia negativa de ira y rencor la que ha servido para valorar en toda su dimensión la experiencia positiva de amor y alegría? ¿No fue muy hermoso poder amar a otras personas y ser amado por ellas a pesar de la existencia de esa enemistad? Todo el mundo ha conocido la sensación de que un enemigo se puede convertir en un impulso para lograr grandes cosas que, de no existir aquel, nunca habríamos emprendido («¡Se lo voy a demostrar!»). ¿O se trata de un pensamiento mezquino? ¿Me falta la serenidad y la alegría que llenan el alma?

8. CONOCIMIENTO PARA ADQUIRIR ALEGRÍA Y SERENIDAD

Un octavo y decisivo paso hacia la serenidad es el conocimiento. El conocimiento ayuda a seguir adelante cuando se plantean preguntas, es la búsqueda de sentido y de relaciones, y alcanza su objetivo cuando se pueden reconocer las relaciones: «¡Ahora tiene sentido!». El sentido del que estamos hablando raras veces es el sentido *de la vida*, sino el sentido *en la vida*, el sentido de los fenómenos y las experiencias individuales. ¿Y qué puedo hacer personalmente en relación con los diferentes niveles del sentido, con el sentido corporal a partir de las experiencias de los sentidos, con el sentido del alma a partir de las sensaciones transmitidas por las relaciones, con el sentido espiritual a partir de las reflexiones y los pensamientos?

Precisamente durante la vejez las reflexiones se extienden en mayor medida sobre la totalidad de la vida, en el mejor de los casos no se trata de lamentar nada, sino de establecer relaciones a partir de lo que surge de la memoria y encontrar lo que «tiene sentido». Ha llegado el momento de la plenitud y la culminación que nos permite contemplar toda la vida y analizarla, valorarla y resaltar lo destacable: ¿de dónde vengo?, ¿qué camino he seguido?, ¿qué he logrado? ¿Cuáles han sido y son mis relaciones y experiencias más importantes, sueños e ideas, valores y costumbres, miedos y heridas? ¿Y qué ha sido y es lo más bello para mí?

Donde antes solo había un montón de experiencias, ahora se empiezan a dibujar líneas. Nadie puede afirmar que tiene una visión completa de su vida, ni sobre todo lo que ha vivido, ni puede establecer un juicio sobre su sentido o sinsentido últimos. No está en cuestión la verdad objetiva de la vida, sino la verdad vital subjetiva, que parece que es la más convincente. Algo en nuestro interés nos empuja a buscar el significado que pueda tener la vida, aunque nadie es igual en su manera de vivir y haber vivido dicha vida. Cuando las creencias personales no digan lo contrario, la única regla es: el propio significado de la vida es el tribunal supremo de la existencia, solo ante sí misma tiene que justificar una persona su vida.

Se vuelven a revivir los cruces del camino en los que la vida podría haber tomado otros derro-

> El propio significado de la vida es el tribunal supremo de la existencia, solo ante sí misma tiene que justificar una persona su vida.

teros, la historia vital en condicional: «¿Qué habría ocurrido si...?». ¿Ocurrió por simple casualidad? ¿Fue porque yo me esforcé en ello? ¿Alguien llevaba la batuta? ¿Qué le debo a los demás? ¿Exactamente a quién? ¿Qué posibilidades he podido materializar con mi vida, con mi trabajo? ¿He luchado por lo que consideraba justo? ¿Ha sido una vida hermosa y positiva, una existencia plena? ¿Qué fue bonito y qué no? ¿Qué sueños se cumplieron y cuáles no? ¿Qué logré y qué no? Algunas cosas fueron mal sin mi intervención y, en otros casos, debería haber tomado otra decisión. Reflexionar de vez en cuando sobre todo esto tiene sentido, pero no podemos permanecer siempre analizando nuestra vida: había razones para tomar aquella decisión y en aquel momento no estaban a mi disposición los conocimientos y las experiencias de hoy. Y si no se ha logrado todo, no hace falta enfadarse; la realidad es que ni las cosas de la vida ni la vida en su conjunto se consiguen en su totalidad. No pasa nada si algo salió mal, lo peor es no haber intentado nada o, como mínimo, es una pena. Los fracasos también tienen su valor, quizá no para mí, pero sí para los demás, que ahora saben lo que funciona y lo que no, y puede ser un punto de referencia en el presente y también en el futuro.

Junto a la mirada hacia atrás es necesaria una nueva mirada hacia delante, que vaya más allá de la propia vida: ¿qué ha quedado de lo que era y es importante para mí? ¿Me importa realmente que quede algo? ¿Qué puedo hacer aún para que perdure? Ahora y no en ningún otro momento ha llegado la hora de completar y ajustar, y también de animarme a establecer las condiciones de mi legado, en el que no solo existen propiedades analógicas, sino también posesiones digitales, entre ellas datos de acceso.

Con la ayuda del conocimiento, se pueden evitar los nervios finales y alcanzar una serenidad definitiva, que también se puede definir como alegría. La búsqueda de sentido y de relaciones ha conducido a respuestas que aclaran o pueden aclarar y que, como mínimo, parece que han ordenado muchas cosas desde un punto de vista subjetivo. Un conocimiento en un sentido más amplio era para Demócrito, que en los siglos v y iv a.C. explicó por primera vez la constitución del mundo a partir del movimiento de partículas muy pequeñas, los átomos, una razón para alcanzar un estado de dicha (*euthymia* en griego). Su alegría, que este sabio griego consideraba el estado de ánimo más excelso, independientemente de los bienes externos y de los placeres sensuales, era tan legendaria que ha entrado en la historia como el filósofo risueño.

Tener sentido del humor y ser capaz de reír son sin duda dos elementos fundamentales para la dicha, que no es lo mismo que la alegría, aunque tienen mucho en común. Quien pueda decir de sí mismo «Soy un hombre dichoso» no tiene que estar siempre alegre. La expresión de la alegría es en su mayor parte una cuestión de momentos y fases de la vida, mientras que la suerte de la persona dichosa es la suerte de sentirse lleno, que va más allá de sentir alegría en momentos determinados. Resulta similar a la felicidad de los niños. La plenitud y la despreocupación infantil se pueden recuperar en la vejez, pero ahora vinculadas a un agradecimiento por todo lo que fue y a una mirada amplia sobre la vida, que solo es posible con un gran tesoro de experiencias: una mirada a la época en que este yo pudo crecer y desarrollarse; una mirada a los espacios que ha recorrido; una mirada a los caminos y sobre todo a los recodos y los cruces que al volver la vista atrás aparecen con frecuencia como lo más emocionante de la vida. Solo a través de un camino largo, que ya queda atrás y que ha superado múltiples dificultades, se puede alcanzar esta plenitud otoñal, rica y madura, que ahora puede abarcar el conjunto de la vida con todas las experiencias, positivas y negativas, cómodas e incómodas, superficiales y profundas.

Estar de acuerdo con el conjunto de la vida, aunque no con todos los detalles, es el fundamento de la dicha, que está llena de confianza en la vida que otorga a la persona lo que necesita y le pone en las manos los medios para lograr todo lo demás. Esta conformidad con la vida puede superar todos los impedimentos de la vejez. Esto se une a la serenidad que nos ayuda cuando la necesidad de actuar se convierte en una carga: hay que dejar que las cosas ocurran sin complicaciones, que es como son en realidad. Dejar que otros lleven la delantera y dejarse hacer. Confiar en los otros, que es una de las condiciones de la vida. Estar dispuesto a dejar marchar lo que ya no puede permanecer. Entregarse voluntariamente a lo que venga. También dejar que llegue la catástrofe que puede cambiar la vida de manera insospechada.

No es necesario aceptarlo siempre todo con serenidad, pero ¿para qué enfurecerse? Quizás una o dos veces para ofrecer un punto de contraste en un mar de calma. También la serenidad tiene que respirar: su espiración consiste en las pausas que se toma. Pero cuando respira hondo, es cuando más sereno y más libre que antes puedo decir lo que pienso, porque no tengo nada que perder. Se trata de una ventaja de la edad y no debe ser una franqueza agresiva, aunque de todas formas la testosterona ya no es lo que era. Ahora todo es voluntario y nada una obligación. Ya no le tengo que demostrar nada a nadie, ni a mí mismo, ni a los demás, y si no fuera así, ya sería demasiado tarde para ello.

Se adquiere un poco de la sabiduría que se atribuye a la vejez y que llega casi sin darnos cuenta, porque por lo general faltan las fuerzas para hacer tonterías. Sabia es la persona que sabe vivir con lo que recibe en cada momento, que puede extraer algo positivo incluso de las situaciones más desgraciadas («Algo podré aprender de todo esto»). Ha aprendido mucho a lo largo de la vida y sabe muchas cosas, pero también conoce la relatividad de todo conocimiento. Con una gran intuición consigue evaluar la situación presente y prever su desarrollo en el futuro. Conoce la totalidad de las posibilidades e imposibilidades humanas y comprende algo de las circunstancias y de las regularidades constantes de la vida, lo que le permite contemplar la vida como si estuviera fuera de ella, con un distanciamiento sereno, que le faltó demasiadas veces a causa del entusiasmo de la juventud.

La serenidad dichosa no descarta la tristeza: la aceptación de la vida y de la vejez también abarca este aspecto. Cada noche, al irme a dormir, me siento profundamente agradecido por el día y también siento una tristeza profunda porque ya ha pasado. El umbral de la noche de cada día me recuerda cada vez con más frecuencia la frontera de la vida. Toda la vida se encamina hacia un día, que está abocado a la noche, que quizá solo sea la noche antes de una mañana nueva, pero eso no me sirve de consuelo. En mi mirada hacia el final del gran día de la vida me pregunto cómo encontraré el equilibrio final cuando llegue el momento de culminar con gran alegría la obra de la vida y verme obligado a despedirme de ella ante la aparición de la tristeza más oscura.

9. UNA RELACIÓN CON LA MUERTE PARA PODER VIVIR CON ELLA

La serenidad es lo que podemos ganar cuando envejecemos. El noveno paso en el camino para alcanzarla
consiste en encontrar una actitud ante el final de la vida,
que se va acercando. Cada vez nos tenemos que enfren-
tar con mayor frecuencia a la muerte de los demás,
que cada vez son más cercanos, a veces muy cercanos a
nosotros, y nos descubrimos pensando: «Él (o ella) ya
han dejado atrás sus vidas». Desde el momento en que
desaparecen los propios padres queda muy claro: estamos en primera línea, no queda nadie entre la vida y la
muerte.

Lo que más me impresionaba de mi madre no era
solo su serenidad ante la vejez, sino ante la muerte, incluso en el día que había llegado ya tan lejos que solo
podía decir «Sé a dónde voy». No tenía ni la más míni-
ma duda de que iba a volver a ver a su querido esposo,

mi padre, que había muerto algunos años antes. Él, que siempre había afirmado que «la muerte la aplazamos hasta el último momento», en su lecho de muerte dijo a mis hermanos, que lo acompañaban: «Ahora os mostraré cómo se muere». Murió con 84 años, y mi madre con 88, pero mis abuelos vivieron más años... ¿Ese es mi límite?

No solo la vida, sino también la muerte es una cuestión de significado. Nadie sabe lo que es en realidad. Eso es posiblemente lo más inquietante que tiene. Pero su significado puede ser más tranquilizador. Se la puede considerar el acontecimiento que da sentido a la vida, porque marca la frontera que da valor a la vida. Tiene valor lo que está disponible en una cantidad limitada, por eso se otorga más valor a las piedras preciosas que a los guijarros. De la limitación del tiempo se deriva la preocupación por tener una *vida preciosa*, en la que se puedan sumar los momentos hermosos que se han podido reunir en el tiempo disponible. Una falta de consciencia sobre este límite podría tener como consecuencia una *vida guijarro*, en la que se unen solo una sucesión interminable de momentos grises. El hecho de conocer un límite temporal nos impulsa a hacer algo con la vida que parezca valioso, en la medida de lo posible. Si consiguiéramos empujar la frontera en dirección

> El hecho de conocer un límite temporal nos impulsa a hacer algo con la vida que parezca valioso, en la medida de lo posible.

hacia la eternidad, ¿es posible que muchas personas esperaran eternamente «la vida», porque para qué iban a asumir la pesada tarea de hacer realidad las potencialidades ni tomarse la molestia de levantarse por las mañanas si todo esto iba a seguir igual para toda la eternidad?

Pero ¿puede morir la muerte? En 2009 el Premio Nobel de Medicina recayó en los investigadores que descubrieron la función de los telomeros (del griego *telos*, que significa «final» y *meros*, que significa «parte») en las células de los seres vivos. Al final de las espirales de ADN se forman una especie de capuchones de protección que garantizan la reproducción de las células. Con el paso de los años se desgastan, hasta que finalmente se interrumpe la reproducción. En consecuencia, son los telomeros los que regulan el envejecimiento y la muerte. No obstante, la enzima llamada telomerasa, la «fuente de la eterna juventud», los puede reparar, algo que ocurre de manera natural en las células madre, que en la práctica son inmortales. Medicamentos basados en la telomerasa podrían provocar el proceso de manera artificial, y después de numerosos experimentos con animales no habrá que esperar mucho a las primeras pruebas médicas con humanos... ¿Una verdadera terapia de rejuvenecimiento no ha sido siempre el sueño de la vida humana? ¿Dónde está el problema? Por ejemplo, se podría provocar involuntariamente un cáncer, porque la telomerasa también actúa en la reproducción interminable de las células cancerígenas.

Es muy posible que la muerte quiera seguir viviendo. Un aspecto de la verdad desconocida de la muerte podría ser que no existiría si en el proceso de la evolución no se hubiera visto desde hace tiempo que tenía mucho sentido. Todos los individuos deben desaparecer para que la vida en su conjunto pueda proseguir, y eso no solo me afecta a mí, sino a todos los yos, a cada ser, aunque las personas consideren que la muerte es la mayor insensatez de la vida. La muerte acaba con la vida de cada individuo y deja espacio para una vida nueva, cuyos genes se volverán a mezclar para que puedan progresar con fuerzas renovadas, para que puedan desarrollar nuevas potencialidades y enfocar los viejos problemas con perspectivas nuevas o fracasar de nuevo en el intento. Desde el punto de vista evolutivo, se trata de un modelo de mayor éxito que la reproducción interminable e idéntica de muñecos de peluche.

Mientras siga existiendo la muerte, cada persona debe tomar una última decisión, porque incluso la muerte hace tiempo que se ha modernizado, pero mientras sea posible, mi decisión es dejar que ocurra, como acontecía en la época premoderna. Si aparecen complicaciones a las que ya no pueda responder personalmente, les pido por adelantado a mis familiares más cercanos que decidan por mí. Me conocen y saben lo que haría en caso de duda. Otros dejan indicaciones precisas por escrito, aunque no se puedan pensar por adelantado los detalles de todos los casos potenciales.

También es posible el suicidio activo, que está prohibido desde hace mucho tiempo en la cultura occidental y que resulta difícil por las sanciones dispuestas. Esta forma de suicido puede coincidir con la ayuda pasiva en la muerte de una persona, que es cuando alguien recibe la ayuda de otras personas que, por ejemplo, le proporcionan los medios adecuados para realizar el acto. En estos casos, toda la responsabilidad de la ejecución del suicidio activo queda en manos de la persona que ha tomado la decisión de morir, aunque sería conveniente que tuviese en cuenta dos consideraciones: primero, en relación consigo mismo, el individuo debería plantearse si es justo ejercer semejante violencia contra sí mismo, sobre todo si existen voces dentro de él que no estén de acuerdo con lo que va a hacer, y en segundo lugar, en relación con los demás, tendría que cuestionarse si ha reflexionado con la suficiente profundidad lo que este paso definitivo puede significar para ellos: ¿al permitir el suicidio podrían encontrarse en una situación difícil desde el punto de vista espiritual o material? ¿O se trata precisamente de dejarlos en dificultades para que se den cuenta del significado del suicidio realizado? Porque esta muerte plantea, aunque no se quiera, una inquietud constante a los vivos: ¿fue culpa mía? ¿He hecho algo mal? ¿He descuidado algo? ¿Qué habría podido hacer?

Otra posibilidad es el suicidio pasivo por decisión propia, pero sin ejercer ningún medio activo, por ejemplo, dejando de comer y beber. También se trata de un suicidio pasivo cuando se utiliza una ayuda activa para morir. No obstante, esta plantea un solo problema: aceptar irremisiblemente que los demás tienen la responsabilidad sobre la vida y la muerte. Las precauciones (que deben adoptar los actuantes) y el respeto (al suicida) llevan a una regulación legislativa porque, de no existir esta, cada caso individual podría provocar dudas sobre si la muerte se debe al deseo de la persona o a intereses de los demás, como podría ser, por ejemplo, las ganas de heredar. Así pues, parece muy apropiada la legislación aplicada en los Países Bajos desde hace tiempo: la voluntad de morir debe estar muy meditada y debe reiterarse para que se tome en consideración y descartar que se trate de un estado de ánimo momentáneo. Médicos independientes deben diagnosticar una enfermedad incurable y la ayuda activa para morir solo la puede practicar un médico.

No solo por todas las posibilidades modernas de la muerte, resulta sensato pensar en ella con tiempo, sino también por otras razones. Las reflexiones sobre la muerte son un tema filosófico desde Pitágoras (siglo vi a.C.), que siempre contempló la vida desde un supuesto punto de vista externo para valorar y, si fuera el caso, darle una nueva orientación. Con frecuencia pienso en mis últimos días, en la última hora, sobre todo pienso en ello en el momento de dormirme o durante unos breves instantes entre dos sueños. Estoy seguro de que esos últimos momentos van a tener lugar, pero no sé cómo serán. Resulta imposible saber dónde y cómo ocurrirá exactamente el momento final, incluso cuando se quiere planificarlo. Pero me lo puedo imaginar. ¿Para qué? ¿Para perder el miedo a la muerte? Hasta ahora no lo he conseguido, porque la muerte me parece una monstruosidad. Entonces, ¿para qué? Para acostumbrarme a que existe algo tan extraño y que me resulte más claro que tener ante mí la perspectiva de la muerte hace que valore más la vida.

Me imagino que la muerte será el final del tiempo y el final del mundo, aunque solo lo sea para mí. Cuando llegue mi último día, será un día normal y corriente, como a mí me gustan. Solo que ese día ya no trabajaré. Por las mañanas, como siempre, una pequeña meditación en la cama, dirigida a un interlocutor sin rostro, que es mi forma de religión. Después de una ducha larga, saboreo el supermuesli que mezclo yo mismo y hojeo el periódico como de costumbre. Más tarde iré a una de mis cafeterías preferidas, seguramente una que tenga un surtido de treinta o cuarenta cafés para elegir. Escogeré uno suave, el Ecuador Vilcabamba del Valle de los Centenarios (por cierto, me alegraría mucho poder llegar a una edad tan avanzada). Aunque no me lo permito demasiado a menudo, lo acompañaría de un dulce pastel de cerezas. Aún queda tiempo para una última visita a los parientes más cercanos de la especie a la que he pertenecido en esta vida: iré a ver a los monos en el zoo y me sorprenderé una vez más por lo que nos parecemos y por cómo las pequeñas diferencias circunstanciales se han convertido en rasgos diferenciales muy marcados, en especial el ansia de encontrar al yo interior que ha lanzado a los humanos a conquistar el mundo y la disposición permanente a descubrir las nuevas posibilidades de la vida.

Todo eso lo hago solo y después viene mi familia: de mis dos hijos mayores, de mis hermanos y de los amigos más queridos ya me he despedido por teléfono. Está bien, no lo he dejado claro, pero resulta tan terrible hablar por última vez y saber que es la última, porque lo he vivido en más de una ocasión. Con mi hijo menor celebro un último almuerzo de hombres, una comida contundente, como es costumbre en mi patria bávara, y muy diferente a «Le dernier repas», como lo cantó Jacques Brel en 1964. Espero que la pronta despedida no nos quite el apetito, porque sobre la muerte hemos hablado más de una vez, como se corresponde al hogar de un filósofo. Con mi hija leo una vez más en inglés, como a ella le gusta, *El abanico de lady Windermere* de Oscar Wilde.

Como Wilde, solo lamento los pecados que no he cometido. Quizá he hecho algunas escapadas de menos, pero a cambio durante muchos años he podido emprender muchas cosas hermosas con la mujer de mi vida y así será también en las última horas... La última velada nos pertenece, nos quedamos dormidos juntos y espero que no olvidaré pronunciar en el momento oportuno las últimas palabras cargadas de significado, o al menos espero pensarlas: que ha sido una vida muy hermosa. O lo que me ha subido a los labios con frecuencia a lo largo de la vida: «¡Gracias, Señor, por el regalo de tantas cosas hermosas!».

¿A quién me refiero con «Señor»? No lo sé. Pero siempre me pareció que hay algo que es mucho más grande que yo, que me ha dado la vida y me ha guiado a lo largo de la vida. ¿Se trata de una fuerza cósmica? Aunque así fuera, no me tomo demasiado en serio que sepa lo que está haciendo. Se trata solo de la idea de que me rodea un algo más invisible, que me conduce y que gobierna sobre mi vida. Y que una vez más puede ocurrir como pasa con tanta frecuencia en la vida: que en el momento que se cierra una puerta, se abra otra.

10. PENSAMIENTOS SOBRE LA POSIBILIDAD DE UNA VIDA DESPUÉS DE LA MUERTE

Posiblemente en este momento pensemos en una dimensión metafísica, pero no es imprescindible que, como creen muchos, lo que hay después de la muerte esté «más allá de la naturaleza» (*ta meta ta physika*, como se tituló a posteriori un escrito de Aristóteles). También se podría tratar de la naturaleza cósmica que supera eternamente la mortalidad, es decir que la «trasciende».

La serenidad es la sensación y la idea de saberse cobijado en la Eternidad sin que tenga ninguna importancia el nombre que se le dé. Resulta mucho más importante reconciliarse con la mortalidad en el momento en que se

> La serenidad es la sensación y la idea de saberse cobijado en la Eternidad sin que tenga ninguna importancia el nombre que se le dé.

acerca el final e incluso confiar como un niño en que pertenecemos a un Todo mucho más grande, de la misma manera que el niño confía en formar parte del mundo en el que ha nacido. Esta actitud es la única posible porque cualquier otra parece inadecuada.

La muerte es la puerta que conduce a la experiencia de la trascendencia, se entienda esta de manera mundana o religiosa, da lo mismo, pues en última instancia sabemos que nadie ha conseguido este conocimiento último, que solo tenemos la *interpretación* que cada uno realiza, ya sea sobre la base de la plausibilidad (lo que inspira) o de la estética (lo que le parece hermoso). Solo así se puede aceptar la trascendencia como parte integrante de la verdad vital de cada persona. Este es posiblemente el décimo paso hacia la serenidad: abrir la vida a una dimensión eterna, que aparece más allá del final de la vida y que, como mínimo, se puede imaginar. Precisamente en el momento de mayor debilidad una persona puede sentirse incorporada a un sentido mayor que con su plenitud de la vida vivida aleja una posible insensatez, siempre que no se quiera ver en ella la última verdad.

El sentido y el compendio al que nos referimos son en gran medida el que abarca más, puesto que une la mortalidad con la inmortalidad. La posibilidad de semejante sentido lo sospecha cada persona durante toda su vida a través de experiencias extáticas, de la sensualidad más intensa, de las emociones fuertes que nos proporcionan los sentidos, de las extensas excursiones en el reino del pensamiento, de una conversación o de una lectura profundas, al hundirse en el juego o en una labor, de cualquier tipo de *flow* y ensoñación. Para experimentar tales cosas basta con olvidarse de uno mismo, intemporalidad, unión íntima con todo, intensidad. Con frecuencia llamamos *divinas* a estas experiencias, y son tan fuertes que permanecen en la memoria. La intensidad de la energía que se experimenta en esos momentos permite alimentar la sospecha de que se podría tratar de lo esencial o auténtico de la vida que se extiende más allá del yo y del tiempo.

Todo tipo de sentido en lo sensual, lo espiritual y lo mental es una huella de ello. Y al final de la vida queda aún más claro que se trata de energías que diferencian lo vivo del cuerpo muerto del que ahora se separan. No se trata solo de energías misteriosas e incomprensibles, sino de energías muy bien conocidas y medibles: energía calorífica, energía eléctrica, energía cinética. Pero al menos en estas energías físicas se aplica el principio de conservación de la energía que formuló Hermann von Helmholtz en 1847 y que desde entonces no se ha desmentido: la energía se puede transformar en otra forma de energía, pero no se destruye. Expresado con claridad significa que la energía no muere. Otra palabra para energía podría ser *alma*, de la que todas las culturas, excepto la moderna, siempre han supuesto que es inmortal. Con la muerte queda claro que lo esencial que se encuentra dentro de todo ser, que lo ocupa y lo hace vivir, al final vuelve a desaparecer. Pero ¿adónde va? ¿Qué ocurre con la persona que «se va»?

La energía de su vida sigue «ahí», no se pierde ningún cuanto sin que se pueda localizar con precisión. Desde el punto de vista corporal parece que no exista una muerte de verdad: todos los átomos y moléculas acaban tarde o temprano en otros conjuntos de átomos y moléculas, porque nada de ello se destruye. El cuerpo deja de existir en la forma dada, pero todos sus componentes se transforman. Con la energía del alma podría ocurrir algo similar, y como la energía no se altera, el alma se puede sentir joven en un cuerpo envejecido durante la vida del mismo.

Lo que se altera es la apariencia exterior de la persona, pero no su ser interior, tal como ocurría en el cuadro que imaginó Oscar Wilde en su novela de 1890 *El retrato de Dorian Gray*: se alteraba su retrato, pero no él. En la vida real ese cuadro podría ser el cuerpo que se puede ver en el espejo: se altera a medida que lo abandona la energía, lo que se manifiesta en la disminución de las fuerzas. Pero eso solo afecta a la imagen que es el cuerpo, mientras que la energía propiamente dicha, la esencia de la persona, que se puede llamar alma, no se altera. Sigue siendo joven para siempre, aunque de una manera completamente diferente a la que se pensaba.

¿También más allá de la muerte? Se puede pensar que la energía de una persona se vuelve a incorporar al océano de la energía cósmica, que llenará de energía nuevas formas de vida. De esta manera el muerto podría volver a la vida en otras personas, seres y cosas: el eterno retorno de la vida. ¿Se trata de un renacimiento? Es posible, pero seguramente con un aspecto diferente, porque nunca se ha podido observar un renacimiento con el mismo aspecto, lo que es algo que no se podrá esperar ni siquiera en la época de los clones. Al menos se puede pensar que a partir del campo de energía se *reencarnará* otra figura, que convertirá la energía de nuevo en carne (*caro* en latín) y en un cuerpo. De la misma manera que cuando nos despertamos de un sueño, se podrían despertar los recuerdos de una vida anterior en la nueva figura, y precisamente eso es lo que algunas personas creen que les pasa, porque están convencidas de «haber vivido» en otra época.

Cuando se vuelve a formar un yo, comienza de nuevo el gran asombro. Los átomos no se asombran, solo se puede asombrar una combinación de átomos que en algún momento diga «yo». Me imagino que hasta el último aliento me seguiré asombrando con los fenómenos y las circunstancias de la vida, antes de que desaparezca mi yo y tras un periodo de tiempo desconocido otra combinación vuelva a decir «yo», sin ser el mismo yo de antes. ¿Puede existir realmente otra vida, una vida después de la muerte, cuando la persona haya desaparecido en su forma actual? ¿Resulta posible un reencuentro con las personas amadas en forma de energía (y desgraciadamente también con todos los demás)? Cierta plausibilidad apoya esta posibilidad, pero sigue siendo una interpretación que la vida, a diferencia de lo que se acepta con facilidad hoy en día, después del fin no se disuelve en la nada, sino que se entrega a algo diferente y más grande: en definitiva, el único *transhumanismo* que tiene un gran futuro ante sí y que para ello no necesita ninguna tecnología futurista. La trascendencia de la persona y la superación de la misma siguen ocurriendo, a pesar de todos los pesares, en la muerte.

¿Y todo eso para qué? ¿Cuál es el sentido de ser? Cuando se puede entender la energía como lo esencial del ser y de la existencia, y a su vez se considera que la esencia de la energía se encuentra en el conjunto de las potencialidades que contiene, entonces se llega a la conclusión: el sentido de ser podría ser desarrollar todas las potencialidades del ser, sin ninguna finalidad concreta, durante toda la eternidad, *ad infinitum*. Si el proceso llegase a un final, volvería a empezar desde el principio, *da capo*.

El sentido de la vida humana podría encontrarse en probar todas las posibilidades de ser humano, de manera que cada persona fuera una o unas pocas porque el tiempo de la vida no da para mucho más. Por eso la vida humana se puede contemplar como un invento maravilloso de la naturaleza. ¿También como un invento absurdo? Quizá, pero eso solo aumenta la excitación de alegrarse por esta excepción hermosa y absurda, seguir examinando sus posibilidades y participar en la interpretación de su realidad.

> El sentido de ser podría ser desarrollar todas las potencialidades del ser, sin ninguna finalidad concreta, durante toda la eternidad, *ad infinitum*.

El sentido de la vida humana de cada persona podría ser la aportación individual al desarrollo completo de todas las posibilidades de la vida, aunque solo se trate de una nimiedad que a la propia persona le pueda parecer que no tiene importancia: yo soy una de las posibilidades que abarca la vida y ese es el sentido de mi vida desde el principio y hasta el final. Para todos es lo mismo. Todas las experiencias de todos los individuos son significativas desde el punto de vista de la totalidad: el conjunto de la evolución se aprovecha de una revisión rápida de las posibilidades en innumerables vidas individuales. Lo que se prueba en lo pequeño se puede adaptar en los grandes procesos, lo mismo que se puede informar de muchos destinos turísticos a través de muchas personas: cada una informa de uno o varios destinos, y las experiencias se difunden, hasta que al final todos saben lo que vale la pena y lo que no.

> Yo soy una de las posibilidades que abarca la vida y ese es el sentido de mi vida desde el principio y hasta el final. Para todos es lo mismo.

La muerte podría parecer hermosa y valiosa como transición a otra vida. Quizá no se trate realmente de nada más que un tránsito de la vigilia al sueño. Durante la vida no resulta nada fácil confiar en esta otra situación. Solo cuando uno se siente asaltado por el gran cansancio, fluye todo como por sí mismo. Ahora también habría que confiar en que no toda la vida termina con la muerte, sino únicamente la vida vivida en esta figura, que se recupera para otra vida en el sueño del ser. Y así, al igual que el sueño resulta reparador, el sueño del ser podría curar las heridas de la vida antes de que empiece de nuevo de otra manera. Así se podría confiar a una posible nueva vida todo lo que queda pendiente de la vieja vida, para poder vivir públicamente a este lado de la frontera con una serenidad dichosa. Confiar en la posible existencia de una vida nueva y diferente alivia en los mayores el estrés de la vida porque no debemos exigirlo todo de la supuesta «única vida». ¿Y si no fuera así? Entonces esta vida ha sido, por lo menos, una vida hermosa.

SOBRE EL AUTOR

Wilhelm Schmid, nacido en 1953 en Billenhausen (región de Suabia en Baviera), vive en Berlín como filósofo independiente e imparte filosofía como profesor invitado en la Universidad de Erfurt. Desde 2010 también imparte conferencias en China. En 2012 recibió el premio alemán Meckatzer-Philosophie por sus méritos especiales en la enseñanza de la filosofía y en 2013 el premio suizo Egnér por sus obras sobre el arte de vivir. Estudió filosofía e historia en Berlín, París y Tubinga. Durante muchos años fue profesor invitado en Riga (Letonia) y Tiflis (Georgia), así como «párroco filosófico» en un hospital cerca de Zúrich (Suiza).

www.lebenskunstphilosophie.de

Twitter: @lebenskunstphil

LIBROS DEL AUTOR

Dem Leben Sinn geben. Von der Lebenskunst im Umgang mit Anderen und der Welt, 2013, Suhrkamp Verlag.

Unglücklich sein. Eine Ermutigung, 2012, Insel Verlag.

Liebe. Warum sie so schwierig ist und wie sie dennoch gelingt, 2011, Insel Verlag.

Die Liebe atmen lassen. Von der Lebenskunst im Umgang mit Anderen, 2013, Suhrkamp Taschenbuch. Publicado originalmente con el título: *Die Liebe neu erfinden*, 2010, Suhrkamp Verlag.

Ökologische Lebenskunst. Was jeder Einzelne für das Leben auf dem Planeten tun kann, 2008, Suhrkamp Taschenbuch. [Versión en castellano: *El arte de vivir ecológico: lo que cada uno puede hacer por la vida en el planeta*. Pre-Textos, Valencia, 2011.]

Glück. Alles, was Sie darüber wissen müssen, und warum es nicht das Wichtigste im Leben ist, 2007, Insel Verlag. [Versión en castellano: *La felicidad: todo lo que debe saber al respecto y por qué no es lo más importante en la vida*. Pre-Textos, Valencia, 2010.]

Die Fülle des Lebens. 100 Fragmente des Glücks, 2006, Insel Taschenbuch.

Die Kunst der Balance. 100 Facetten der Lebenskunst, 2005, Insel Taschenbuch.

Mit sich selbst befreundet sein. Von der Lebenskunst im Umgang mit sich selbst, 2004, Suhrkamp Taschenbuch.

Schönes Leben? Einführung in die Lebenskunst, 2000, Suhrkamp Taschenbuch.

Philosophie der Lebenskunst – Eine Grundlegung, 1998, Suhrkamp Taschenbuch Wissenschaft.

Was geht uns Deutschland an? Ein Essay, 1993, Edition Suhrkamp.

Auf der Suche nach einer neuen Lebenskunst, 1991, Suhrkamp Taschenbuch Wissenschaft. [Versión en castellano: *En busca de un nuevo arte de vivir*. Pre-Textos, Valencia, 2002.]

Die Geburt der Philosophie im Garten der Lüste, 1987, Suhrkamp Taschenbuch.

editorial **K**airós

Puede recibir información sobre
nuestros libros y colecciones inscribiéndose en:

www.editorialkairos.com
www.editorialkairos.com/newsletter.html
www.letraskairos.com

Numancia, 117-121 • 08029 Barcelona • España
tel. +34 934 949 490 • info@editorialkairos.com